企业会计实务

栾会燕　赵云芳　主　编

中国商业出版社

图书在版编目(CIP)数据

企业会计实务 / 栾会燕，赵云芳主编. -- 北京 ：中国商业出版社，2024. 5. -- ISBN 978－7－5208－2939－7

Ⅰ. F275.2

中国国家版本馆 CIP 数据核字第 2024WG9561 号

责任编辑：朱丽丽

中国商业出版社出版发行

(www.zgsycb.com　100053　北京广安门内报国寺 1 号)

总编室：010－63180647　编辑室：010－63033100

发行部：010－83120835/8286

新华书店经销

北京虎彩文化传播有限公司印刷

*

787 毫米×1092 毫米　16 开　9.25 印张　159 千字

2024 年 5 月第 1 版　2024 年 5 月第 1 次印刷

定价：45.00 元

* * * *

(如有印装质量问题可更换)

前　言

企业会计实务是现代商业活动的核心组成部分，不仅涉及企业的日常财务管理，更是企业经营决策的重要依据。随着全球经济一体化的深入发展，会计实务在企业运营中的地位越发凸显，其准确性和规范性直接关系到企业的经济效益和长期发展。因此，深入研究和探讨企业会计实务的理论与实践，对于提升企业的财务管理水平，增强企业的市场竞争力具有十分重要的意义。

本书从企业会计基础入手，分别对企业财务会计、企业管理会计、企业会计信息系统建设、不同企业会计实务进行详细讲解。希望本书的介绍能够在企业会计实务方面为读者提供帮助。

在写作过程中，编者参阅了相关文献资料，在此，谨向其作者深表谢忱。

由于编者水平有限，疏漏和缺点之处，希望得到广大读者的批评指正，并衷心希望同行不吝赐教。

栾会燕　赵云芳

2024 年 3 月

目　录

第一章　企业会计基础

第一节　企业会计概述

一、企业会计的重要性

（一）企业决策中的作用

企业会计提供的准确的财务信息，是帮助管理层进行决策的依据。企业所面临的各种经济环境和市场竞争都需要管理层作出正确的决策，而这些决策需要依赖全面、准确的财务信息。企业会计通过对企业内部外部的经济活动进行记录和归集，提供有关企业财务状况和经营成果的准确数据，为管理层决策提供可靠的依据。

企业会计可以为企业决策提供财务分析和预测的支持。通过对财务信息的分析，可以了解企业的财务状况和运营情况，进而评估企业的盈利能力、偿债能力和发展潜力等方面的实际情况。这些财务分析的结果可以帮助管理层了解企业的优势和劣势，发现问题，制定相应的改进措施。此外，企业会计还可以运用不同的财务分析方法和工具，对未来的经营情况进行预测，为管理层提供预测性的参考，帮助他们作出正确的决策。

企业会计在企业决策中发挥着风险管理的作用。企业经营中面临着各种各样的风险，如市场风险、信用风险、经营风险等。企业会计通过对风险的识别和评估，为管理层提供了风险管理的参考。通过对企业财务数据的分析，可以判断企业所面临的风险程度和类型，进而采取相应的措施来降低和应对风险。企业会计还可以通过建立内部控制体系，把风险控制纳入企业的日常经营管理中，提供更好的风险管理支持。

（二）企业财务管理的重要性

企业财务管理在企业的决策过程中起到了关键的作用。通过对企业的财务数据进行分析和解读，财务管理人员能够对企业的盈利能力、偿债能力以及投资回报情况进行评估和预测。这可以帮助企业领导层制定合理的经营目标和战略,以及对企业进行长远规划。比如,通过财务分析,企业可以确定适当的价格策略,合理安排资金运作,以及合理控制成本和费用,从而提高企业的盈利能力和竞争力。

企业财务管理对企业的财务状况和资金流动的监控和管理具有极大的重要性。财务管理人员通过对企业的日常财务数据进行记录和分析,可以及时了解企业的收入和支出情况,掌握企业的资金流动情况。这有助于企业进行合理的资金计划和安排,防范和减少财务风险,确保企业的资金运作顺畅。财务管理还可以帮助企业进行成本控制和管理,从而提高企业的效益。

企业财务管理对企业的发展和扩张具有至关重要的影响。通过对财务数据的分析和评估,企业能够据此决策是否进行新项目的扩张或收购,并为之提供充足的资金支持。财务管理的专业性和科学性,可以帮助企业进行风险评估和预测,从而减少投资风险,提高投资回报率。

(三)对企业发展的影响

企业会计能够提供准确、完整的财务信息,帮助企业进行科学决策。通过准确记录和报告企业的财务状况,企业会计能够为企业管理者提供决策所需的可靠数据。在决策过程中,管理者通过对财务报表的分析和比较,了解企业的财务状况、运营情况等重要信息,从而制订出合理的决策方案,指导企业的经营活动。这对企业的发展具有重要的意义。

企业会计对企业的财务管理具有重要的支持作用。企业会计对企业的财务流程进行系统的记录和跟踪,能够帮助企业进行财务管理。通过企业会计的记录,企业可以了解自身的资金流动情况、收支情况等重要信息,从而对企业的财务状况进行监控和控制。企业会计还能够帮助企业进行预算编制和实际执行情况的对比,帮助企业发现问题并及时进行调整。通过有效的财务管理,企业能够实现资源的合理配置和利益的最大化,推动企业的发展。

企业会计对企业的发展产生了深远的影响。通过企业会计的核算和分析,企业可以了解企业经营的盈利能力、偿债能力和发展潜力等重要指标,为企业的战略制定和发展规划提供重要依据。企业会计还能够为企业的投资者、债权人等外部利益相关者提供必要的财务信息,增强企业的信用和形象,从而为企业的发展提供有力支持。

二、企业会计的特点

(一)信息的真实性

信息的真实性是指企业在进行会计核算和报告时,所提供的信息必须准确、完整、真实地反映企业的经济活动和财务状况。这是因为信息的真实性是对企业会计的基本要求,也是其他特点和任务的基础。

信息的真实性要求企业会计人员在进行核算和报告时,必须遵循会计准则和会计原则,按照实际发生的经济交易进行正确的记录和处理。只有通过规范的会计处理,才能确保所提供的信息是真实的。

信息的真实性要求企业会计人员忠实于事实,不虚构或歪曲信息,不隐瞒或掩盖重要的经济事实。这是为了保证企业的会计信息是可靠的,从而提供准确的参考依据,帮助企业管理者作出正确的决策。

为了确保信息的真实性,企业会计人员还需要进行数据的验证和审核。通过内部控制、审计等手段,对会计报表进行检查和审计,以确认其真实性和可靠性。这可以帮助发现和纠正可能存在的错误和偏差,确保企业会计信息的准确性。

信息的真实性离不开企业会计人员的职业道德和操守。会计人员应该具有诚实守信、不偏不倚的职业操守,始终坚持信息的真实性原则,并遵循相关的法律法规和职业道德准则,确保会计信息的真实可信。

(二)决策的科学性

决策是管理者在面临各种问题和挑战时进行的一种重要的行为。而企业会计作为提供决策信息的重要人员,需要保证决策的科学性。

决策的科学性要求企业会计提供的信息具有准确性和可靠性。准确的信息能够反映企业的真实状况,而可靠的信息能够被管理者信任并作为决策的依据。因此,在进行企业会计核算时,需要严格按照相关的会计准则和法规进行操作,确保数据的准确可靠。

决策的科学性要求企业会计提供的信息具有充分性和全面性。充分的信息意味着所提供的数据能够包含决策所需要的全部要素,没有遗漏或者缺失。全面的信息则涵盖了决策所需要的各个方面,可以帮助管理者全面地分析和评估不同的决策方案。因此,在编制企业会计报表时,需要对涉及的各个方面进行全面的考虑，确保所提供的信息具有充分性和全面性。

决策的科学性要求企业会计提供的信息具有时效性。及时的信息能够帮助管理者把握决策的时机，及早采取行动。反之，过时的信息可能会导致决策的延误或者错误。因此，在进行企业会计信息的收集和处理时，需要尽量减少时间上的延迟，确保所提供的信息能够及时地反映当前的情况。

决策的科学性要求企业会计信息的公开透明性。公开透明的信息可以增加企业的信誉度，提高管理决策的公正性和公平性，并增强各方对企业的信任和支持。因此，在编制企业会计报告时，需要严格遵守相关的会计规范，确保信息的真实、准确和全面，同时也应该主动地向内外部利益相关者公开会计信息，让他们能够更好地了解企业的经营状况和财务状况。

（三）信息的及时性

信息的及时性指的是企业会计信息在产生、记录和报告的过程中要具备及时性。即使会计信息在报告后的某个时间点也需要及时地被记录和报告，以保证信息的可靠性和可用性。信息的及时性在企业的日常经营决策中起到至关重要的作用。

信息的及时性确保了管理决策的准确性和时效性。企业在制定经营决策时，需要依托会计信息进行数据分析和综合评估。如果会计信息不及时，经营者将无法及时得知企业的财务状况、经营成果和盈利能力等重要指标，从而无法作出准确的决策。而及时获取到的会计信息可以为企业提供准确的数据支持，帮助管理者在关键时刻作出明智的决策。

信息的及时性对于企业内部的控制和监督至关重要。及时记录和报告会计信息可以帮助企业管理者及时发现和预防经营风险，防止潜在的财务失误和违规行为。例如，及时记录和报告现金流量信息可以让企业及时发现资金的流动情况，及时采取措施保障企业的资金安全。同时，及时记录和报告会计信息还可以提高企业内部的监督和问责机制，促使各部门和员工遵守规章制度，保证企业的经营活动合法合规。

信息的及时性对于外部利益相关者的关注和评估至关重要。企业会计信息的及时披露可以提供给投资者、债权人、监管机构等外部利益相关者准确的财务信息，帮助他们评估企业的经营状况和盈利能力。例如，对于投资者而言，及时披露的会计信息可以帮助他们了解企业的投资价值和风险水平，从而作出理性的投资决策。对于监管机构而言，及时披露的会计信息可以帮助他们对企业的财务状况进行监管和评估，保障市场秩序的正常运行。

(四)信息的公开透明性

企业会计作为一种重要的信息系统，其最基本的特点之一就是信息的公开透明性。在信息时代，企业的财务信息的公平透明对于内外部利益相关者来说至关重要，因此企业会计必须确保其信息的公开透明，以满足各方面的需要。

1.促进企业的诚信经营

通过公开披露企业的财务状况和经营效益，可以让股东、投资者及其他利益相关者了解企业的真实情况，从而增加对企业的信任度。公开透明的信息还可以提升企业的形象，树立良好的企业信誉，吸引更多的投资者和合作伙伴。

2.提高决策的科学性

当企业的财务信息得以公开，各决策主体可以基于准确的财务数据进行科学的决策分析。无论是内部管理者还是外部投资者，在面临重大决策时，都可以通过分析企业的财务信息来评估企业的健康状况，判断其存在的风险和潜力，并作出相应的决策。

3.提升信息的及时性

及时公开企业的财务信息可以保证市场参与者能够及时获得有效的信息，使决策者能够迅速作出相应的决策。特别是在现代金融市场中，信息的及时性是投资者进行交易的重要前提，良好的信息披露机制保证了市场的公平和透明，有利于维护市场的稳定运行。

4.企业履行社会责任的表现

通过公开透明的信息，企业可以向社会各界展示其经营状况、治理结构和责任履行情况，增加社会的认可度和支持度。同时，公开透明的信息也为监管机构和监督组织提供了有效的参考依据，从而促进了企业的自律和规范化发展。

三、企业会计的任务与功能

(一)记录与核算

记录与核算是指通过系统、准确地记录和核算企业经济活动的各项数据，为企业提供准确的财务信息和决策依据。记录与核算在企业会计中占据着重要的地位,对于企业的经营管理和决策具有重要意义。

在企业会计中,记录与核算包括了对企业的各种经济交易和事项进行准确和全面的记录。这些记录包括企业的资产、负债、所有者权益、收入和费用等各种会计要素的变动情况。通过记录和核算这些数据,企业能够清楚地了解和掌握自身的经营状况,及时发现和解决经营中的问题。

在记录与核算中,需要进行详细而准确的数据记录。这需要企业会计人员具备一定的专业知识和技能,能够正确地处理和记录各项会计事项。同时,记录与核算还需要遵循一定的会计原则和规范,确保财务数据的真实性和可靠性。

通过记录与核算,企业能够获得全面而准确的财务信息。这些财务信息不仅为企业内部的经营决策提供重要依据,还能够满足外部利益相关者的需求,如投资者、债权人、政府监管机构等。财务报表是记录与核算的结果之一,通过财务报表,企业能够向外部公开自身的财务状况和经营成果。

除了为企业提供决策依据和满足外部需求,记录与核算还有助于企业进行经营控制和风险管理。通过及时准确的核算和记录,企业能够对经济活动进行有效的管理,及时发现和解决问题,降低经营风险,保证企业的正常运营。

(二)决策与控制

在企业会计中,决策与控制是其中一项重要的任务和功能。企业会计通过提供财务信息和数据,为管理层的决策和控制提供支持和指导。下面将从两个方面展开介绍。

企业会计在决策方面发挥着重要的作用。通过对企业的财务状况、经营绩效、风险情况等方面进行准确地记录和核算,企业会计提供了可靠的数据基础,为管理层的决策提供重要参考。管理层可以根据对企业会计报表中的财务指标进行分析和比较,了解企业的盈利能力、偿债能力、运营能力等情况,从而制定合理的经营策略和决策方案。例如,当企业需要扩大生产规模或投资新项目时,管理层可以通过分析财务数据,评估投资回报率、风险水平等,从而作出明智的决策。

企业会计在控制方面发挥着不可或缺的作用。企业会计通过持续的财务监控和内部控制,帮助管理层及时了解企业的运营状况,发现企业存在的问题和风险,并采取相应的措施进行控制和纠正。管理层可以通过对财务报表、成本分析、经营指标等进行综合评估,及时调整经营策略和控制措施,确保企业的经营目标得以实现。例如，当企业的成本费用超出预算时，管理层可以通过企业会计提供的成本控制信息，识别成本的波动因素，采取适当的成本控制措施，来提高企业的经济效益。

（三）报告与公开

在企业会计的任务与功能中，报告与公开是其中一个重要的方面。通过报告与公开，企业会计将企业的财务状况、经营成果以及经营活动等信息向内外部利益相关者进行传递和披露，以实现信息的透明和公平。

报告与公开是企业会计的一项重要任务，通过披露企业的财务信息，旨在呈现企业的真实、准确和全面的财务状况，为利益相关者提供全面了解企业经营状况的依据。这不仅可以增强企业与投资者、合作伙伴、政府监管机构等利益相关者之间的信任，还有助于外界对企业的评估和决策。

报告与公开是企业会计的一项重要功能。通过透明和公平的信息披露，企业会计可以实现对内外部利益相关者的有效沟通和交流。对于企业内部来说，财务报告的公开可以促进内部员工之间的沟通和协作，增强整个企业的合力。对于外部利益相关者来说，报告与公开可以提供企业的财务信息，帮助他们作出准确的投资决策和风险评估。

报告与公开也是企业会计的一种责任和义务。企业会计需要遵循相关的法律法规和会计准则，按照公认的会计原则编制和披露财务报告。通过报告与公开，企业会计不仅为企业内部提供了一个清晰的经营情况，还为外部利益相关者提供了一个公平的信息平台。

报告与公开对于企业的形象和声誉有着重要的影响。通过透明、准确和及时的财务报告披露，企业可以树立起一个诚信和可信赖的形象，提升企业的声誉，吸引更多的投资者和合作伙伴。与此同时，企业也能够避免信息不对称和信任缺失带来的负面影响，维护企业的良好形象。

四、企业会计的作用

（一）对企业管理的影响

其一，企业会计通过提供准确、及时的财务信息，为企业管理者提供了决策依据。准确的财务信息可以帮助管理者了解企业的财务状况，包括资产、负债、利润等各项指标。这些信息对于企业决策具有重要意义，可以帮助管理者制订合理的战略计划、制定预算、评估投资项目等。通过对财务信息的分析和运用，管理者能够更加精确地了解企业的经营情况，从而作出更明智的决策。

其二，企业会计通过优化资源配置，提高企业的经营效益。企业会计可以对企业的各项资源进行监控和管理，包括资金、物资、人力等。通过科学合理的运用会计手段和方法，管理者可以对企业资源的使用效果进行评估，发现资源的浪费和不足，能及时采取相应的措施进行调整和改进。通过优化资源的配置，企业可以提高经营效益，提高利润水平，实现可持续发展。

其三，企业会计可以加强对风险的管理和控制。在企业管理过程中，风险是无法避免的。企业会计可以通过对财务信息的监控和分析，及时发现潜在的风险因素，通过预测和预警的手段，帮助管理者做好风险管理和控制工作。例如，企业会计可以通过准确计算和分析负债率、流动比率等指标，判断企业的偿债能力和流动性风险，并制定相应的应对措施。加强对风险的管理和控制，可以使企业在竞争激烈的市场环境中更好地应对挑战，保证企业的稳定发展。

其四，企业会计可以提供有关企业经营和财务活动的透明度和可信度，提高企业的信誉度。透明度和可信度是企业赢得投资者、供应商和消费者信任的重要因素。通过遵循会计准则和规范，企业会计可以确保财务信息的真实、准确和完整，提高企业财务报告的质量和透明度。这不仅为企业建立信任关系提供了基础，还有利于吸引更多的投资者和合作伙伴，为企业的发展提供更多的资金和资源支持。

（二）对资本市场的影响

1.为投资者提供信息选择的依据

在资本市场中，投资者面临众多的投资选择，而企业会计报告提供的财务信息可以帮助投资者对不同企业进行比较与评估。例如，投资者可以通过企业会计报告中的财务指标如利润率、偿债能力等来分析企业的盈利能力和风险水平，从而作出更明智的投资决策。

2.信息透明度的提高

通过企业会计报告，企业披露了其财务状况和经营情况的详细信息，这样可以提高市场的透明度，减少信息不对称带来的风险。投资者可以更准确地了解企业的实际情况，降低投资决策的不确定性，提高工作效率。

3.促进资本市场的稳定发展

企业会计报告中的财务信息可以反映出企业的成长能力、盈利状况、现金流等重要指标，这些信息对于投资者的决策至关重要。当资本市场上的企业能够根据会计准则规范披露财务信息，投资者才更容易获取准确的数据，从而减少投资风险，推动资本市场的稳定发展。

4.对资本市场的健康发展产生积极影响

通过建立健全的会计制度和监管机制，能够规范企业财务报告的编制和信息披露，增强信息的可靠性和可比性，有效防范和减少会计的舞弊行为，维护市场的公平和公正。

（三）对社会责任的贡献

企业会计为企业提供了全面、准确的财务信息，使企业能够更好地履行其社会责任。通过对会计报表的编制和分析，企业可以清晰地了解自身的财务状况和经营成果，进而对外界负责地披露企业的经营情况和使用资源的方式。这有助于建立透明和可信赖的企业形象，增强社会对企业的信任感。

企业会计在推动企业履行社会责任方面发挥着重要作用，在企业会计的监督下，企业主体需要履行各项财务义务，包括及时纳税、合规经营等。这种规范的经营行为对于社会的可持续发展和公共利益具有重要意义。企业会计还有利于发现和防止财务违规行为，维护市场经济秩序，保障社会经济的稳定运行。

企业会计的信息也对社会各界产生重要影响，通过对企业会计信息的汇总和分析，外部利益相关方可以更好地了解企业的经营状况和财务健康程度。例如，投资者可以根据企业会计信息评估企业的风险和收益潜力，从而作出相应的决策。这种信息透明度也能够促进资本市场的健康发展，增强投资者对市场的信心，吸引更多的投资和资源流入。

第二节 企业会计的要素

一、资产要素

(一)资产的定义与分类

资产既包括企业拥有的现金、存货、应收账款等流动资产,又包括固定资产,如土地、厂房、设备等,以及无形资产,如专利权、商标权等。

资产是指企业拥有的经济资源,能够为企业带来现金流入或其他经济利益的经济资源。简单来说,资产是企业所拥有的能够为其带来未来经济利益的资源。

对于资产的分类,目前常用的分类方法是按照其流动性来进行划分。根据企业会计准则,资产可以分为流动资产和非流动资产两大类。流动资产包括企业短期内能够变现或消耗的资产,如现金、存货、应收账款等。非流动资产则是指企业长期持有的、用于生产经营或其他用途的资产,如固定资产、无形资产等。

(二)资产的确认与计量

在企业会计中,资产包括各类可支配的资源,如现金、存货、应收账款等。资产是企业财务状况和经营成果的重要组成部分,对于企业的经营与发展具有至关重要的作用。

资产的确认是指将企业所拥有的资源确定为资产。这需要依据会计准则和会计政策进行判断和界定。在确认资产时,需考虑到其是否符合会计准则的规定,以及是否能够带来未来的经济利益。例如,企业购买的设备和房地产等,满足了会计准则对资产的定义和界定,因此可以确认为资产。

资产的计量是指对确认的资产进行评估和计量。会计计量主要有原价计量和公允价值计量两种方式。原价计量是按照取得该资产时所支付的成本进行计量,即以历史成本计量。公允价值计量是指以当期市场价格或评估价值进行计量,其目的是反映资产在当下的价值水平。在计量时,还需要考虑到资产的折旧、摊销和减值等因素,以确保资产的计量在会计报表中反映真实、公正、准确的信息。

(三)资产的披露与展示

资产的披露和展示能够向利益相关者传达有关企业资产情况的信息。资产的披露和展示旨在提供充分、准确、及时的信息,使利益相关者能够更好地了解企业的财务状况和运营情况。

在资产的披露方面,企业需要披露其拥有的各类资产的详细情况,包括但不限于现金、应收账款、存货、固定资产等。这些信息应当准确和完整,以便利益相关者能够对企业的资产状况有全面的了解。此外,披露还应包括资产的计量方法和计量基础,以及相关会计政策的说明,这样能够确保披露的信息准确可靠。

在资产的展示方面,企业需要将其资产按照一定的分类进行展示,以便利益相关者能够更加清晰地了解资产的组成和规模。展示的形式可以采用表格、图表等方式,使利益相关者能够直观地了解资产的分布情况。此外,展示中还需对重要的资产进行重点说明,强调其对企业经营和财务状况的影响。

在进行资产的披露和展示时,企业应遵循相关的会计准则和法规要求。披露的信息应当符合准则的要求,真实、全面、准确地反映企业的实际情况。同时,企业应及时更新披露的信息,使其具有及时性的特点。除了常规的财务报告中的披露,企业还可以通过其他形式的披露,如年度报告、社会责任报告等,向利益相关者提供更加详细和全面的资产信息。

二、负债要素

(一)负债的定义与分类

在企业会计中,负债是指企业所承担的经济利益净流出的现实或预期事项。负债是企业的债权人对企业按约定支付货币、转让金融资产、提供劳务或履行其他义务的主体,包括应付账款、应付工资、应交税费等。负债在企业财务状况表中通常列示在所有者权益之下。

负债在企业会计中根据其性质、来源和期限的不同进行分类。根据性质的不同,负债可以分为经营性负债和非经营性负债。经营性负债是指为企业的正常经营活动而产生的负债,如应付账款、应付工资等。非经营性负债则是指与企业经营活动无关的负债,如长期借款、长期应付款等。

根据来源的不同,负债可以分为内部负债和外部负债。内部负债指的是由企业内部形成的负债，如应付职工福利、预收款项等。外部负债则是由企业外部形成的负债，如应付账款、应付票据等。

根据期限的不同，负债可以分为短期负债和长期负债。短期负债是指企业在一年内到期应偿还的负债，如应付账款、短期借款等。而长期负债则是指企业在一年以上到期应偿还的负债，如长期借款、长期应付租赁款等。

（二）负债的确认与计量

负债的确认涉及确定负债的存在和相关的权益义务。在企业会计准则中，负债被定义为企业对外界债权人现有义务的表现，包括企业对外借款、应付票据、应付账款等。负债的确认需要依据相关的凭证和文件，如借款合同、收据等，以确保负债的真实性和合法性。

负债的计量是对负债金额的确定和评估。在企业会计中，负债的计量遵循着特定的原则和规则，以保证负债的准确度和可比性。一般来说，负债金额是根据实际交易金额进行确认的，如外债的计量可以基于外币的持有金额和汇率的测算。有些负债项目可能需要进行估计和摊销，如长期借款的摊销。

负债的确认和计量还需要关注一些特殊情况，如财务风险和成本约束。对于存在财务风险的负债项目，企业需要进行充分的信息披露，以使投资者和利益相关者能够全面了解企业的风险状况。企业在确认和计量负债时，还需要考虑到成本约束的因素，以便在利益最大化和财务稳定性之间找到平衡点。

（三）负债的披露与展示

负债的披露与展示能够对外界透露出企业的债务状况和偿债能力，为利益相关方提供重要的信息参考。在财务报表中，负债的披露与展示主要体现在资产负债表中的负债部分，对于负债的种类、金额、性质以及相关的风险和义务进行全面而准确的披露是至关重要的。

1.负债的种类

根据企业的具体情况，负债可以分为长期负债和短期负债。长期负债包括企业在未来一年内预计要偿还的长期借款以及其他长期债务，短期负债则包括需要在一年内清偿的短期借款、应付票据和短期债务等。在资产负债表中，应当明确地将这两种负债分开列示，并注明其金额和偿债期限，以便利益相关方对企业的债务状况有清晰的了解。

2.负债的性质与相关的风险和义务

这涉及企业所承担的债务责任和债务的性质，对外债务还是内部债务，固定利率债务还是浮动利率债务等。通过对负债性质的披露，可以让利益相关方了解企业的债务特点，从而对企业的偿债能力和风险等方面进行评估。

3.负债的金额

负债金额的准确披露对于认识企业的债务规模、风险程度以及偿债能力至关重要。在资产负债表中，应当明确列示出各项负债的具体金额，并通过注释或附注对有关的重要信息进行说明，以提供更为详尽的负债信息。

4.与负债相关的义务和风险

与负债相关的义务和风险包括融资活动中涉及的债务重组、债务违约风险以及担保和质押等事项。通过对这些事项的披露与展示，利益相关方能够全面了解企业在负债方面面临的风险和义务，从而更好地评估企业的财务状况和经营能力。

三、所有者权益要素

（一）所有者权益的定义与分类

所有者权益是企业会计中的重要因素之一，它反映了企业所有者对企业的权益和价值的所有权。所有者权益可以理解为企业自身拥有的资金和资源，是企业的净资产。根据会计准则的要求，所有者权益应当进行适当的分类和定义，以便更好地理解企业的财务状况和经营情况。

所有者权益可以分为两大类，即实收资本和资本公积。实收资本是指企业股东实际出资的金额，它代表了股东对企业的投入和贡献。资本公积则是指企业通过非经营性活动获得的资金，如资产重置、股权转让等。这两类所有者权益的定义和分类是为了明确企业各类股东对企业的投入和拥有权益的状况。

所有者权益可以按照持有时间的长短进行分类。长期所有者权益是指企业持有的长期性投资，如股权投资、债权投资等。这些投资对企业的贡献长期稳定，能够支持企业的持续发展。短期所有者权益则是指企业短期内可能出现的权益变动，如应收账款的回收、库存的增减等。这种分类方式可以更好地反映企业在不同时间段内的业务活动和经营情况。

所有者权益还可以按照所有者的权益性质进行分类。例如，普通股权和优先股权，两者对企业的权益和分配方式有着不同的规定。普通股权的持有者享有较高的风险收益，而优先股权的持有者则享受相对较稳定的收益。这种分类方式能帮助利益相关者更好地了解企业在不同股东之间的权益分配和利益关系。

（二）所有者权益的确认与计量

所有者权益的确认主要包括确定企业的股东权益和利润分配，并依据相关会计准则和规定进行计量。

其一，所有者权益的确认与计量需依据相关会计准则和规定，如《企业会计准则》《财务会计准则》等。这些准则和规定明确了在确认和计量所有者权益时所应遵循的原则和方法，保证了企业会计信息的准确性和可比性。

其二，所有者权益的确认与计量涉及对股东权益的界定。股东权益包括普通股股东权益、优先股股东权益等，不同股东权益在确认和计量上可能存在差异。例如，在确认普通股股东权益时，需计算股东的出资额、股东权益的变动等。而确认优先股股东权益时，则需要考虑股东享有的优先权和优先股分红等。

其三，所有者权益的计量也涉及利润分配的确认。利润分配是企业经营活动的结果，根据企业的盈利状况和盈余分配政策进行确认。具体计量方法可能根据企业的特殊情况而有所不同，如分红的计算方法、留存收益的确认等。

其四，所有者权益的确认与计量需注意与其他要素的关联。所有者权益与资产要素、负债要素等紧密相关，彼此之间的确认和计量必须保持一致和平衡，以确保企业财务状况得到正确反映。例如，在确认所有者权益时，需要考虑与资产相关的所有者投资和留存收益，以及与负债相关的所有者权益的偿还权。

（三）所有者权益的披露与展示

所有者权益的披露与展示是企业会计报告中至关重要的一部分。通过透明、准确地披露和展示所有者权益的情况，可以为利益相关者提供有关企业的重要信息，进而增强他们对企业的信任和理解。下面将分别介绍所有者权益的披露和展示。

所有者权益的披露是指将企业所有者权益的各个要素进行详细、全面地披露。这包括披露所有者的投资，如股本、资本公积和其他所有者投入的资金。此外，还需要披露各种留存收益的情况，如未分配利润和公积金等。披露这些信息有助于利益相关者了解企业的所有者权益结构和所有者参与企业经营的程度。

所有者权益的展示是指将企业所有者权益的变动情况进行清晰、简明地展示。展示所有者权益变动的方式可以采用资产负债表、利润表、现金流量表等。其中，资产负债表是最常用的展示所有者权益的工具之一。资产负债表能够准确反映企业在特定日期内的资产、负债和所有者权益等信息，同时展示了所有者权益的变动情况，如股本的增减、利润的留存等。此外，利润表也是重要的展示所有者权益变动的工具之一，它可以呈现企业在一定期间内的收入、费用和利润等信息。

为了进一步增强所有者权益的披露和展示的透明度和准确性，企业还应遵循相关的会计原则和法规要求。例如，企业应按照会计准则的规定对所有者权益进行计量，确保计量方法的准确性和一致性。此外，企业还应披露相关会计政策的变动，以及对所有者权益的调整和重组等情况。

四、收入、费用、利润要素

(一)收入、费用、利润的定义与分类

在企业会计中，收入、费用和利润是极为重要的因素。它们是反映企业经营活动的重要指标，也是评估企业盈利能力的关键因素。下面将对收入、费用和利润进行定义和分类。

收入是指企业在正常经营活动中获得的经济利益的流入。例如，销售产品、提供服务所获得的现金或应收账款都属于收入的范畴。此外，还包括其他业务活动所带来的收入，如投资收益、补贴收入等。

费用是指企业为开展生产经营活动所发生的经济利益的流出。通常，费用包括人工成本、材料成本、折旧费用、税费等多个方面。费用是企业运作过程中的必要支出，它反映了企业为产生收入所付出的成本。

利润是指企业经营活动的净收入，也可以理解为收入减去费用所得的剩余部分。利润是企业盈利能力的核心指标，它直接关系到企业的发展和持续经营能

力。盈利能力较强的企业通常能够为所有者带来更多的回报。

在分类上，收入、费用和利润可以分为不同的类别，以便更好地进行分析和比较。就收入而言，可以分为主营业务收入和其他业务收入。主营业务收入是指企业正常的经营活动所带来的收入，是企业盈利的主要来源；其他业务收入包括非经常性收入，如处置资产所获得的收入、出售长期股权投资所获得的投资收益等。

费用的分类主要包括销售费用、管理费用和财务费用。销售费用是指企业销售产品或提供服务所发生的费用，如广告费用、销售员的提成等；管理费用是指企业管理层面所发生的费用，如行政人员工资、办公费用等；财务费用是指企业为融资活动所支付的费用，如利息、手续费等。

利润的分类包括毛利润、营业利润和净利润。毛利润是指企业通过销售产品或提供服务所获得的收入减去与销售有关的成本后所得的利润；营业利润是指扣除税费和非经常性收益后的利润；净利润则是扣除所有费用后的最终利润。

(二)收入、费用、利润的确认与计量

1.收入的确认与计量

在确认收入时，企业需要满足两个基本条件，即收入是可以可靠地计量的，并且与经济利益的流入是密切相关的。一般来说，收入的计量是基于交易金额或者公允价值，根据具体情况可以采用不同的计量方法，如成本法、市场价值法、收益法等。

2.费用的确认与计量

在确认费用时，企业需要满足两个基本条件，即费用是可以可靠地计量的，并且与经济利益的流出是密切相关的。费用的计量主要基于发生额原则，即费用应当按照实际发生的金额进行计量。企业在计量费用时，可以根据相关的会计准则和政策选择适用的计算方式，如直接成本法、间接成本法、摊销法等。

3.利润的确认与计量

利润的确认与计量主要依据收入与费用的计量结果，即通过比较收入和费用的差额来确定利润的数额。同时，企业还需要遵循相关的会计准则和政策，确保利润的计量与确认符合法律法规和会计原则的要求。

(三)收入、费用、利润的披露与展示

1.收入的披露与展示

企业需按照相关会计准则的规定,对收入进行明确的定义,确保收入的识别准确、可靠。收入的分类也应根据准则的要求进行清晰划分,以便读者能够准确理解企业的收入来源和性质。

2.费用的披露与展示

企业应按照准则的规定,对费用进行明确的分类,并结合业务特点进行细致化分析。费用的披露不仅包括直接费用,还包括间接费用以及费用的变动情况等。企业还应披露费用的计量方法和依据,以及费用的分配和分摊原则。这些信息的披露能够帮助读者全面了解企业的成本结构和费用开支情况。

3.利润的披露与展示

企业需要按照准则的要求,对利润进行明确的计算和披露。利润的披露不仅包括利润的金额,还应包括利润的组成和来源,以及利润与收入、费用的相关性。此外,企业还应披露利润的计量方法和依据,并解释任何与往期财务报告相比有变动的情况。这样的披露能够帮助读者准确评估企业的盈利能力和经营效益。

第三节 企业会计基本假设

一、会计主体

(一)会计主体的定义

会计主体是指进行财务会计核算和报告的组织或个人。在会计理论和实务中,会计主体是一个基本概念,它是建立整个会计体系的基础。会计主体的定义旨在明确确定那些需要进行会计核算和报告的组织或个人。

会计主体包括各类企业和机构,如企业、合作社、事业单位、社会团体等。这些组织在经济活动中都需要进行财务会计核算和报告,以便了解其经营状况和财

务状况。通过会计主体的定义,可以明确界定哪些组织是需要进行会计核算和报告的,有助于规范会计实务和维护会计信息的真实与可靠。

个人也可以作为会计主体。个人在一些特定情况下,如个人独资企业、个人承包经营等,都需要进行财务会计核算和报告。个人作为会计主体的定义,为其承担会计责任和义务提供了明确的依据。

会计主体的选择是根据实际情况和法律法规的规定进行的。根据我国的会计法规定,企业是主要的会计主体,但个体工商户、合作社和事业单位等也是会计主体的范围。在选择会计主体时,需要考虑组织的性质、经济实体的独立性、责任的明确性以及财务信息需求等因素。

会计主体的定义对会计的实施和监管具有重要意义。明确会计主体的范围,有助于确保会计信息的真实性和准确性。同时,也可以规范会计主体的行为,加强会计制度和规范的实施。因此,在制定和完善会计准则和规范时,应充分考虑会计主体的定义,确保其科学合理和适用性。

(二)会计主体的选择

在进行会计核算时,企业需要明确确定会计主体。会计主体的选择是一个基本假设,影响着企业财务信息的编制和披露。选择会计主体需要考虑多个因素,包括业务性质、法律法规、所有权关系等。

1.企业的业务性质

不同的产业、行业以及企业类型,其业务性质有所不同,主要体现在经营活动的特点、经营模式的差异等方面。例如,制造业企业的经营活动涉及原材料采购、生产加工、产品销售等环节,因此需要将这些经营活动纳入会计主体,以便准确地进行财务信息的记录和分析。而服务业企业的经营活动可能更为简单,以提供服务为主,因此对会计主体的选择可能相对较为灵活。

2.法律法规

不同国家或地区的法律法规对会计主体的界定和要求可能存在差异。相关的法律法规对企业的组织形式、所有权关系等方面有着具体规定,这也会对会计主体的选择产生影响。企业应当依法依规选择合适的会计主体,以确保会计核算的合法性和准确性。

3. 企业的所有权关系

企业的所有权是指企业资产和经营管理的归属关系。在选择会计主体时，应当充分考虑企业的所有权关系，确保会计主体的确定与实际的所有权关系相匹配。例如，在合资企业中，各合作方对企业的控制和所有权可能存在差异，因此在选择会计主体时需要综合考虑各方的利益和权益，以确保会计主体的选择与企业的所有权关系相一致。

(三)会计主体的影响因素

1. 公司的法律地位

不同法律地位的公司可能受到不同的会计规范和要求的约束，因此会计主体的选择必须符合相应的法律要求和规定。例如，在一些国家，独立法人如有限公司和股份公司必须作为独立的会计主体进行会计记账和报告，个体经营者则可以选择将个人财务与企业财务合并。

2. 企业的经济实体性

经济实体性可以理解为企业能够独立决策，拥有自己的资源和责任，以及与其他实体区分的能力。具有明显经济实体性的企业通常会选择作为独立的会计主体进行会计处理，以反映其独立决策和经济状况。而对于依赖其他实体或没有独立决策权的企业，可能会采取合并会计主体或者与母公司合并报表的方式进行会计处理。

3. 产业的特点

不同行业的公司会面临不同的会计问题和需求。例如，金融机构和保险公司在会计主体的选择上通常会受到监管机构的严格要求和特殊会计准则的影响。制造业和服务业等行业的公司则可能更注重产品的成本计算和市场份额等因素，从而对会计主体的选择作出相应的调整。

二、持续经营

(一)持续经营的概念

持续经营指的是企业在可预见的将来，将继续进行业务活动，履行合同责任，并能够持续实现其经济利益的能力。换言之,持续经营假设要求基于企业将来保持正常经营的前提下,对其进行会计核算和报告。

持续经营的概念涉及企业的长期经营意向和长期性质。它强调的是企业在可持续的时间内,保持稳定的经营状况和经济实力。持续经营的概念反映了会计的实际需求,因为会计核算和报告需要基于一个确定的时间范围,如果企业没有持续经营的假设,会计报告的准确性和可比性将受到严重影响。

持续经营假设的核心在于企业的未来前景和盈利能力。只有当企业有足够的基础和支持,能够获取稳定的现金流,并且有能力承担经济活动所带来的风险和责任,才能认为企业具备持续经营的条件。这个假设也反映了会计的谨慎性原则,即倾向于相信企业将来会继续经营,而不是突然停业或破产。

持续经营的假设并不意味着企业永远都会持续经营下去。在特定的情况下,如严重的经营亏损、金融危机等,企业可能会被迫终止其经营活动。因此,在进行会计核算和报告时,需要对可能导致企业终止经营的风险进行充分的评估和披露。

(二)持续经营的假设重要性

持续经营假设为会计提供了一个稳定的框架,使会计信息能够更好地反映企业的真实状况和经营成果。在假设持续经营的前提下,企业会计报表中所呈现的各项资产、负债、所有者权益以及收入、费用等信息可以被准确地衡量和计量,从而为用户提供可比较、可理解的会计信息。这为投资者、债权人、管理层等各方利益相关者的决策提供了重要依据。

持续经营假设对于企业的信用和声誉有着不可忽视的重要性。对于一家企业而言,持续经营假设成为衡量其经营稳定性和可持续性的重要标志。持续经营假设的合理性和可靠性直接关系到企业的市场形象和声誉。若企业无法做到持续经营,可能会导致投资者、债权人等对企业的信任和信心下降,进而对企业的融资能力、市场竞争力产生负面影响。

持续经营假设也在一定程度上对监管机构和政府的监管起到了引导和约束的作用。根据持续经营假设,企业需要遵守相关会计准则和规范,确保会计信息的真实性和准确性。持续经营假设也要求企业及时披露相关信息,以便监管机构和政府对企业的经营状况进行评估和监管。

三、会计分期

(一)会计分期的基本理论

会计分期指的是将一个会计期间划分为若干个相对独立的时间段,以便于对企业经营活动进行准确的记录和分析。在会计领域,对于会计分期的理论基础有多种观点。

一种常见的观点认为,会计分期的基本理论是将企业的经营活动按照一定的时间段进行分割和归类,以便于对经营绩效进行评估和对决策进行支持。这种观点强调了会计分期在提供信息和指导决策中的重要性,因为只有对企业在特定时间范围内的经营情况进行准确记录和分析,才能使管理者更好地了解企业的经营状况,并且及时采取必要的措施和决策。

另一种观点认为,会计分期的基本理论是基于会计的确认、计量和报告原则,将企业的经营活动按照时间的先后次序进行分期,并以会计期间为单位进行财务报告。这种观点强调了会计分期在满足会计准则和规定的基础上,对企业业务进行合理的归类和时间上的分割,以确保财务信息的准确性和可比性。只有基于正确的会计原则准则,才能保证企业的财务报表具备可靠的参考价值和决策意义。

还有一种观点认为,会计分期的基本理论是基于会计分析和管理的需求,通过划分时间段来实现对企业的经营活动进行监控和分析。这种观点强调了会计分期在管理会计和财务分析中的重要作用,因为只有将企业的经营情况按照时间段进行分析,才能更好地发现问题和改进经营方式。通过会计分期的方法,可以对不同时间段内的经营活动进行对比和评估,从而了解企业在不同阶段的表现和趋势。

(二)会计分期的实施方法

1. 时间周期的确定

企业会计分期的首要任务是确定时间周期,即将经济活动按照一定的时间段进行划分。常用的时间周期有年度、季度、月度等,企业可根据自身的经营特点和管理需求来确定最合适的时间周期。在确定时间周期时,还需要考虑会计报告的需求以及外部利益相关者对于信息的需求。

2.会计期间的关联性

会计分期的实施方法中需要考虑会计期间之间的关联性。即前一期会计信息与后一期会计信息的衔接和延续。在编制后一期的会计报表时,首先要对前一期的会计信息进行审查和调整,确保数据的准确性和连续性。这样可以更好地反映企业经济活动的持续性和发展趋势。

3.会计政策的选择

企业在实施会计分期时,需要选择适合自身的会计政策。会计政策是指企业在编制会计报表时所采用的计量、计价、核算和报告方法。不同的会计政策对会计分期的结果和财务报表的表现形式都有直接的影响。因此,企业应根据自身需要和法律法规的要求,选择适合自身的会计政策,并在编制财务报表时保持一贯性和可比性。

4.会计分期的调整与重分类

在实施会计分期过程中,难免会遇到一些特殊情况或经济活动,需要进行调整和重分类。例如,会计年度结束后才确认的收入或费用,需要进行调整以反映其实际发生的会计期间。此外,一些经济活动可能跨越不同的会计期间,需要进行重分类以便反映其真实的经济效应。企业应根据具体情况,遵循会计准则和规范,进行必要的调整和重分类。

(三)会计分期的应用场景

1.财务报表的编制和呈现

通过将企业的经营活动按照时间序列进行划分,会计分期可以帮助企业合理地编制财务报表,更好地反映企业的财务状况和经营成果。例如,在编制损益表时,将收益和费用按照不同的会计期间进行划分,能够更清晰地展示企业在不同时间段的经营状况,使财务报表更具可比性和可理解性。

2.财务决策中的作用

企业在进行财务决策时,需要考虑不同会计期间内的经营情况和财务指标,以便作出准确的判断和决策。例如,企业在进行投资决策时,会计分期可以帮助企业计算出不同会计期间的现金流量，从而评估投资项目的收益和风险。会计分期还可以用于评估企业的盈利能力、偿债能力以及经营效率，为企业管理者提供重要的财务信息和参考依据。

3.财务分析和比较

通过将不同业务周期或不同时间段的会计数据进行分期对比，可以帮助企业分析经营状况的变化趋势和规律，以及不同会计期间的财务表现差异。通过这种分析比较，企业可以更好地了解自身的经营状况，发现问题和改进措施。同时，会计分期的比较还可以帮助企业了解行业的整体情况，从而更准确地判断企业在行业中的地位和发展潜力。

四、货币计量

(一)货币计量的基本理论

货币计量原则是指企业会计要将经济业务转化为货币单位来衡量和记录，以货币作为计量尺度。货币计量旨在通过货币的计量，将企业的经济业务和财务状况进行量化，从而为决策提供相对准确的信息。

货币计量的基本理论可以从两个方面来理解：一是货币计量的基础，即货币作为一种普遍接受的支付工具和价值尺度，具有广泛的交换性和可比性；二是货币计量的目的，即通过货币计量将各种经济业务进行量化，以便对企业的财务状况和经营成果进行准确的评估和分析。货币计量基于货币的普遍接受性和可比性，能够为经济活动的记录和衡量提供统一的标准，便于信息的比较和分析。

(二)货币计量的实施方法

1.币制选择

在币制的选择方面，企业需要根据自身的经济活动和财务报告的目标选择适合的币制。一般而言，企业可以选择本国通用货币作为计量单位，也可以根据需要选择其他货币。在选择其他货币作为计量单位时，企业需要关注可能带来的会计和财务风险。

2.汇率确认

由于国际贸易和跨国投资的增加，企业之间往来的货币金额涉及不同货币之间的兑换，而汇率的波动会直接影响企业的收入、费用以及资产负债表的报告。因此，企业在进行汇率确认时，应确保准确、公允地计量涉外货币交易，并且及时反映相关汇率变动对财务报表的影响。

3.货币资金的确认和计量

货币资金的确认是指企业确认其在银行、现金等账户中的可支配货币资金，以便进行准确的账务记录。货币资金的计量则是指企业按照企业会计准则规定的原则进行计量，确保财务报表反映企业实际的货币资金状况，包括现金、银行存款以及其他货币资金。

4.关注与其他会计要素的协调

在进行货币计量时，企业需要确保与其他会计要素之间的一致性和协调性，以充分反映企业经济的实际情况和财务状况。例如，在计量货币资金时，企业还需要关注与货币相关的其他会计要素，如对货币资产和货币负债进行配套确认和计量，确保财务报表的整体完整性和准确性。

（三）货币计量的影响因素及其管理

1.货币贬值与通货膨胀

随着时间的推移，货币的购买力可能发生变化，其中最常见的情况是通货膨胀。当货币的购买力下降时，企业的资产和负债的实际价值也会受到影响。因此，企业需要在财务报表中考虑货币贬值和通货膨胀的影响，以准确反映企业的财务状况。

2.汇率波动

随着全球化的发展，企业日益面临着跨国经营的挑战。不同国家之间的货币汇率波动可能会对企业的财务状况产生重要影响。当本国货币贬值时，企业的外币资产可能会增值，外币负债则可能会增加。因此，企业需要及时调整货币计量方法，以便更好地应对汇率波动对财务报表的影响。

3.政府监管政策

政府可能会采取一系列的货币政策来影响货币供应量和利率水平，进而影响企业的财务状况和经营绩效。例如，政府可能通过改变利率来影响企业的借贷成本，从而影响其财务报表中的利息费用。此外，政府还可能通过控制货币供应量来调节经济的通胀压力，从而影响企业财务报表中的货币计量。

为了管理货币计量的影响因素，企业需要定期进行财务风险评估和预警，并相应地调整会计政策和报告方法。例如，企业可以通过使用实际利率调整法来解决货币贬值和通货膨胀的影响，或者采用敞口避险策略来管理汇率波动的风险。此外，企业还应与政府保持密切的联系，及时了解监管政策的变化，并相应地调整会计准则和报告要求。

第二章　企业财务会计

第一节　企业财务会计的内涵

一、企业财务会计的特点

（一）历史性特点

1. 源远流长的历史渊源

自古以来，人们就开始运用一些简单的财务手段来记录和监控财务活动。例如，在古代的商业城市中，商人通过使用简单的记账方法来记录销售和采购的情况。这些早期的财务手段是现代财务会计发展的基础，具有深远的历史意义。

2. 不断演进的态势

随着工商业的兴起和经济的发展，财务会计逐渐从简单的记账方法发展为更加复杂和专业化的系统。最早的财务会计方法主要关注货币流量和资产负债表等方面，而现代财务会计则已经演化为一门以会计准则为依据，包含资产、负债、所有者权益、收入和支出等多个要素的学科。这种历史性的演进使得财务会计能够更好地适应不同时期的经济环境和管理需求。

3. 与社会、政府等方面的联系

财务会计的发展与社会经济、法律等因素密切相关。在社会的不同历史时期，政府对财务会计的要求和监管也不尽相同。财务会计的发展受到当时的社会背景、法律法规以及政府政策的影响，这种历史性联系使财务会计具有一定的变动性和适应性。

（二）客观性特点

客观性要求财务会计的数据真实、准确、可靠，并且要与实际情况相符。在财务会计中，客观性具体表现为以下四个方面。

客观性要求财务会计的信息来源必须可信。财务会计的信息来源包括企业内部和外部的信息。内部信息包括企业的会计记录、凭证以及相关报表等，而外部信息则包括与企业相关的行业报告、统计数据以及政府部门发布的经济指标等。这些信息必须经过严格的审核和验证，确保其内容真实可靠。

客观性要求财务会计在处理数据时遵循客观公正的原则。在财务会计中，应该依据客观事实进行数据的记录和计算，而不能受个人意识和倾向的影响。会计人员在处理数据时应该秉持审慎和公正的原则，不偏不倚地反映企业的真实情况。

客观性要求财务会计的信息表达要简明清晰。财务报表是财务会计信息的主要表达形式。这些报表应该采用真实准确的语言和数据，不夸大和隐瞒企业的真实情况。财务报表的编制应遵循相关的会计原则和准则，确保信息的真实性和可比性。

客观性要求财务会计的信息应该具有可信度和可靠性。可信度是指信息所包含的数据和陈述的内容应该能够被外界接受和相信。可靠性是指财务会计信息应该有较高的可靠性，不受人为因素的干扰和误导。为了提高财务会计信息的客观性，需要建立健全的内部控制制度，加强对数据的保密和权限的管理，避免信息的失真和滥用。

（三）系统性特点

企业财务会计具有系统性特点，这是指财务会计在实践中遵循一套完整的、有机的规则和程序，从而构建起一个完整的财务信息处理体系。系统性特点体现在多个方面。

企业财务会计建立了一套完整的会计制度，包括会计核算方法、财务报告编制要求、会计政策等。这些制度规定了财务会计的核心内容、标准和要求，确保了财务会计的准确性和可比性。在这个制度框架下，公司可以按照规定的程序进行会计核算和财务报告编制，保证了财务信息的一致性。

企业财务会计建立了一套完整的账务体系和会计科目分类体系。账务体系包括资产、负债、所有者权益、收入、成本、费用等各类账户，涵盖了企业经济活动的方方面面，保证了财务信息的全面性。会计科目分类体系则将账户进行分类，便于会计处理和分析。这些系统的账务体系和会计科目分类体系是财务会计的基础，为企业提供了有效的财务信息基础。

企业财务会计建立了一套完整的信息处理流程和报告体系。信息处理流程包括了原始凭证的登记、账务的分录、账户的总账和明细账的形成以及财务报表的编制等环节。这些环节有机地相互衔接，确保了财务信息的准确性和真实性。报告体系则包括了资产负债表、利润表、现金流量表和所有者权益变动表等财务报表，为企业提供了全面、准确的财务信息。

企业财务会计建立了一套完整的内部控制制度和外部监管机制。内部控制制度是为了防止财务会计违规和出错，保证财务信息的可信度和可靠性。外部监管机制则由政府、审计机构和证券交易所等机构组成，对企业财务会计进行监督和审核，确保财务信息的公允性和透明度。

（四）操作性特点

操作性特点主要体现在财务会计的操作性和实施性方面。操作性特点指的是企业财务会计在实际应用过程中具有一定可操作性。下面将从信息处理、会计制度、财务报表和财务分析等方面，对企业财务会计的操作性特点进行探讨。

1.企业财务会计在信息处理方面具有操作性特点

财务会计主要是通过对企业经济活动的记录、分类、测量和汇总，生成财务信息并进行传递和交流。在这个过程中，财务会计要求能够准确、及时地获取、收集、处理和呈现各类会计信息。换言之，财务会计需要建立起一套完善的会计信息处理系统，以确保财务信息的准确性和可靠性。

2.企业财务会计在会计制度方面具有操作性特点

会计制度是财务会计工作的基础和规范，它规定了财务会计的核算原则、方法、程序和制度安排等。在实际运作中，财务会计人员需要按照会计制度的要求进行操作和执行。这就要求财务会计人员具备一定的会计专业知识和技能，能够准确运用会计制度规定的核算方法和制度程序，确保财务信息的准确性和完整性。

3.企业财务会计在编制财务报表方面具有操作性特点

财务报表是财务会计工作的最终产物，它汇总和呈现了企业特定时期内的财务状况、经营成果和现金流量等重要信息。在编制财务报表的过程中，财务会计需要根据会计准则和会计政策的要求，按照一定的程序和规定填报各项指标和数据。财务会计还需要对报表内容进行核对、审核和确认，以确保财务报表的准确性和真实性。

4. 企业财务会计在财务分析方面具有操作性特点

财务会计不仅是为了满足内部管理和决策的需要，还是为了满足外部利益相关方对企业财务状况和经营成果的了解和评估。在进行财务分析时，财务会计需要选择合适的财务指标和分析方法，对财务数据进行比较、横向和纵向分析，以获取有关企业财务状况和经营效益的相关信息。这要求财务会计具备一定的财务分析能力和技巧，能够对财务数据进行合理的解读和分析。

二、企业财务会计的职责

(一)资金管理职责

资金管理涉及企业资金的获取、运用与监控。在资金管理职责中，企业财务会计扮演着关键的角色。财务会计负责对企业现金流入和流出的记账和记录。他们要确保所有资金的流动都得到准确的记录和归集，以便为企业的决策提供准确的财务信息。

财务会计参与制定和执行企业的资金策略，他们要根据企业的财务状况和需求，制订合理的资金筹措和运用计划。财务会计要根据企业的资本结构和资金需求，决定应该从内部筹措资金还是向外部寻求融资。他们要评估各种筹资方式的成本和风险，并选择最合适的方式来满足企业的资金需求。

在资金管理职责中，财务会计要负责实施有效的现金流量管理。他们要根据企业的经营活动，合理安排现金的进出，并进行现金流量的预测和分析。财务会计要确保企业拥有足够的现金储备，以应对突发事件或者实现战略性的投资。

在资金管理职责中，财务会计要对企业的资金运作进行监控和控制。他们要核查企业的资金运作是否符合法律法规和内部控制要求，并及时发现和解决问题。财务会计要通过制定和执行各种财务制度和审计活动，保障企业资金的安全和有效运作。

(二)资产评估职责

资产评估是对企业拥有的各项资产进行全面评估，包括固定资产、无形资产、流动资产等。资产评估的主要目的是确定企业资产的价值、质量和可行性,为企业提供准确的资产信息,为企业的财务决策提供支持。

首先,资产评估的职责是确保准确计量企业的资产价值。通过评估各类资产的市场价值、折旧情况、使用寿命等因素,可以合理计量资产的价值。准确计量资产价值对企业决策至关重要,它不仅影响企业的财务报告和财务分析,还直接影响企业的贷款融资、投资决策等。

其次,资产评估的职责是保护企业资产质量。在评估资产时,需要重点关注资产的质量和状况。通过对资产的检查、抽样测试等手段,可以及时发现资产质量问题,如设备老化、质量欠佳等,从而采取相应措施进行维修或更新,以保证资产的正常使用和价值维持。

再次,资产评估承担着为企业提供可行性分析和决策支持的职责。通过对资产的评估,可以为企业提供重要的可行性分析依据,比如项目投资是否值得、资产报废与更新的时机等。这些分析结果将对企业的财务决策产生重要影响,对企业的长期发展和利润增长具有战略性意义。

最后,在进行资产评估职责时,财务会计需要综合运用各类评估方法和工具,包括折旧方法、成本法、市场法、现金流量法等。同时,还需要了解相关法律法规对资产评估的要求,确保评估的合法性和准确性。此外,评估结果的报告和记录也应该具备可追溯性和可验证性,以提供给内外部利益相关者参考和审查。

(三)成本控制职责

成本控制的作用在于帮助企业实现对成本的合理控制,提高企业利润率和竞争力。在企业财务会计中,成本控制的职责可以细分为多个方面,包括成本估算、成本分析和成本管理等。

1.成本估算是成本控制的前提工作

通过对企业各项成本的准确估算,可以为成本控制提供有力的依据。成本估算主要包括对直接成本和间接成本的估算,确保成本的全面、准确和及时记录。在成本估算过程中,会计人员需要根据不同的成本项目,采用适当的估算方法,如历史成本法、标准成本法或活动基础成本法等,以确保成本估算的准确性和可靠性。

2.成本分析是成本控制的重要手段

通过对企业成本的深入分析,可以有效地识别和解决成本问题,提高成本效益。成本分析主要包括对成本构成的分析和成本差异的分析。成本构成分析旨在查明不同成本项目的组成和比重,从而找出成本结构中的潜在问题和优化的空间。成本差异分析则是通过比较实际成本和预算成本之间的差异,分析造成差异的原因,识别出成本控制的重点领域,并采取相应的措施进行调整和优化。

3.成本管理是成本控制的核心内容

成本管理旨在通过有效的控制手段,降低企业成本,实现成本的最小化。在成本管理过程中,会计人员需要制定成本控制策略和制度,并与企业其他部门密切合作。例如,可以通过建立合理的成本核算制度和成本控制预算制度,加强成本核算和成本预测的全面性和准确性。可以采取合理的成本控制手段,如物料采购优化、生产过程改进、人力资源管理优化等,以降低生产成本、管理成本和销售成本。

(四)财务决策支持职责

在企业经营过程中,财务决策起着至关重要的作用,能够为企业提供有效的决策信息和数据支持。在财务决策支持职责下,企业财务会计承担以下五个方面的工作。

第一,财务决策支持职责要求企业财务会计能够准确、及时地报告企业的财务状况和经营成果。通过编制和报告财务报表,如资产负债表、利润表、现金流量表等,财务会计能够为企业管理层以及其他利益相关方提供全面、准确的财务信息,帮助其了解企业的财务状况和经营成果,从而为决策提供依据。

第二,财务决策支持职责要求企业财务会计能够分析和评估企业的财务情况。通过对财务报表的分析比较,财务会计可以揭示企业的财务状况和经营成果的变化趋势,发现问题和风险,并提供相应的建议和决策支持。例如,财务会计可以对企业的盈利能力、偿债能力、运营能力等指标进行分析,帮助企业管理层作出关于经营策略和投资决策的合理选择。

第三,在财务决策支持职责下,企业财务会计还需要为企业的投资决策提供支持。通过对投资项目的财务预测和评估,财务会计可以为企业管理层提供决策支持。例如,财务会计可以利用财务数据和分析方法来评估新项目的投资回报率、风险程度等,帮助企业管理层作出是否投资的决策。

第四,财务决策支持职责要求企业财务会计能够为企业经营决策提供数据支持。在企业日常的经营过程中,财务决策支持职责要求财务会计能够及时提供各种财务数据和信息，帮助企业管理层作出准确的经营决策。例如，财务会计可以提供销售数据、成本数据、收入数据等，供企业管理层进行销售策略、成本控制等方面的决策。

第五，在实施财务决策支持职责的过程中，企业财务会计需要注重数据的准确性和及时性。准确的财务数据可以确保决策的科学性和可靠性，及时的财务数据可以使决策更具有效性。因此，企业财务会计需要不断提高自身的专业水平，熟练掌握财务信息的采集、分析和报告技能，为企业的财务决策提供可靠的数据支持。

三、企业财务会计的影响因素

（一）内部管理影响

内部管理对企业财务会计的信息准确性和可靠性产生直接影响。一家企业的内部管理体系的健全与否决定了企业财务会计信息的真实度和相关数据的可信性。如果企业的内部管理存在漏洞或者制度缺陷，那么财务会计信息的准确性将无法得到保障。因此，在企业内部，需要设立健全的财务管理制度，明确对财务会计的记录、报告和披露的要求，确保财务数据的真实性和准确性。

内部管理对企业财务会计的决策支持起着至关重要的作用。内部管理的好坏决定了企业各级管理人员能否根据财务会计信息作出明智的决策。一家企业的内部管理需要具备透明度和及时性，以便管理层能够准确地了解企业的财务状况、经营情况和盈利能力，从而制定相应的决策策略。如果内部管理松散或者信息沟通不畅，会导致企业管理层难以基于财务会计信息制定科学的决策，从而影响企业的发展。

内部管理还对企业财务会计的合规性产生直接影响。合规性是财务会计的基本原则之一，企业需要在财务会计中遵循相关法律法规和准则，确保财务会计信息的合法性和合规性。良好的内部管理能够帮助企业建立起完善的内部控制机制，包括审计、风险管理、内部审查等，以确保财务会计的合规性。企业应当建立有效的内部控制措施，明确各级管理人员的职责和权限，加强对财务会计信息的监督和审查，有效防范财务舞弊等不当行为。

（二）外部环境影响

外部环境是指企业所处的宏观经济环境、市场环境、政治环境等外部因素对企业财务会计的影响。在现代经济社会中，企业的经营环境正在发生深刻的变化，因此，外部环境对企业财务会计的影响也日益凸显。

1.宏观经济环境

宏观经济环境包括国家的宏观经济政策、经济发展阶段、货币政策等方面的变化。在经济周期波动中，企业财务会计会受到宏观经济环境波动的影响。例如，在经济繁荣时期，企业会面临订单增加、销售额提高等情况，从而影响财务报表数据的准确性和可比性。在经济不景气时期，企业可能面临销售额下滑、成本上涨等困难，因此会计报表中的数据也会受到影响。

2.市场环境

市场环境的竞争激烈程度、市场需求变化等都会对企业财务会计产生影响。例如，在市场需求下降的情况下，企业可能被迫缩小生产规模，从而导致财务报表中的销售额下降。行业竞争也会影响企业的定价策略，从而影响财务报表中的收入和利润等数据。

3.政治环境

政治环境的变化可能导致法律、法规的调整，从而对企业的财务会计产生影响。政策变化可能导致会计准则的调整，企业需要调整会计政策和会计处理方法，以适应新的法规要求。政治环境的不稳定也可能导致企业面临投资风险，影响了企业财务会计数据的真实性和可靠性。

（三）会计政策影响

会计政策的选择和运用，既受到国家法律法规的限制和指导，又受到企业自身的特点、行业的特殊要求以及管理层的决策影响。

在选择会计政策时，企业需要根据国家的会计准则和规定进行合规性的考量。不同的国家会存在不同的会计准则，如我国采用的是中国会计准则，而国际上常用的是国际财务报告准则（IFRS）。企业需要根据所处的法律环境选择相应的会计准则，并在会计政策的制定过程中严格遵守相关规定，确保财务报表的准确性和可比性。

企业自身的特点和行业的特殊要求会对会计政策的选择产生影响。不同类型的企业在会计政策的选择上可能存在差异。例如，上市公司需要遵守证券监管机构的规定，对于关键会计政策的选择需要进行公告和解释。而金融机构在会计政策的选择上可能会更加注重风险管理和资本监管的要求。不同行业的会计政策也可能存在差异，如对于房地产企业和金融企业，会计政策需要针对相关的特殊业务进行适当调整。

企业管理层的决策对会计政策的选择和运用也有着重要影响。管理层可能会根据企业发展的阶段和战略目标，调整会计政策以实现一定的经营目标。例如，管理层可能会选择使用某种会计政策来提高企业的盈利水平，或者通过灵活运用会计政策来调整企业的财务结构。

（四）技术应用影响

技术的应用使企业财务会计的信息处理更加高效和精确。传统的手工记账方式已经被计算机化的会计软件取代。通过电子化的数据输入、处理和存储，大大减少了信息录入的错误率和处理的时间成本。技术的应用还使财务会计信息能够以更快的速度呈现给管理者和利益相关者，提高了信息的及时性和决策的准确性。

技术的应用带来了企业财务会计信息的安全性与保密性的挑战。随着技术的进步，互联网的普及和信息系统的网络化，财务会计信息的安全性面临着更加复杂和严峻的形势。黑客攻击、病毒入侵和信息泄露等问题已成为企业财务会计的关注焦点。因此，企业财务会计必须不断加强信息安全管理，建立完善的安全机制，保护好财务信息的机密性和完整性。

技术的应用对企业财务会计的人员素质提出了更高的要求。企业财务会计人员需要具备良好的信息技术基础和操作能力，能够熟练地运用会计软件和相关技术工具，灵活应对技术的变革和更新；也需要与技术人员密切合作，理解和应用新技术，确保企业财务会计信息系统的稳定运行。

第二节　企业财务会计的原则

一、历史成本原则

（一）历史成本原则概述

历史成本原则指导着企业在资产、负债、收入和费用等方面的确认和计量，将其以成本为基础进行处理和报告。基于历史成本原则，企业记录和报告的会计信息反映了实际发生的交易和事项，能够真实反映企业的经济状况和经营成果。

历史成本原则要求企业在确认收入和费用时，以成本发生的时间为基础。这意味着只有当收入实际实现或者费用真实发生时，才能予以确认。例如，企业销售产品并收到货款时，才能确认销售收入；企业使用了某项资源并已支付相应的费用时，才能确认相关费用。

历史成本原则在企业会计实务中具有广泛的适用性，它为企业提供了一种稳定的计量基础，使得会计信息具有可比性和可靠性。企业在编制财务报表时，根据历史成本原则计量的资产和负债能够较为准确地反映其真实价值，避免了凭主观判断和市场波动来决定资产价值的做法。

(二)历史成本原则的应用实例

在企业财务会计中，历史成本原则要求企业在进行会计核算时，应该以购买或获取资产时实际支付的成本作为基础来计量资产和负债。历史成本原则的应用具体体现在以下四个方面。

根据历史成本原则，企业在购买资产时，应该以实际支付的购买成本作为计量基准。例如，假设一家企业购买了一台新机器，该机器的价格为 10 万元。按照历史成本原则，企业应该在会计记录中将这一资产的价值计量为 10 万元。这样，可以确保企业会计信息的准确性和可比性。

历史成本原则的应用体现在资产的折旧计提上。按照该原则，企业应当以资产的实际成本进行折旧计提，而不是根据资产在市场上的市值进行计算。因此，即使资产在市场上的价值出现波动，企业依然要按照历史成本原则进行固定资产的折旧计提，确保会计信息的稳定性和可靠性。

历史成本原则的应用还可以在处理存货成本方面发挥重要作用。根据该原则，企业应当将存货的成本计量作为购入时的实际成本，包括购买价格、运输费用、关税等。这样，企业可以准确记录和控制存货的成本，并根据需要进行存货的核算和评估。

历史成本原则的应用不仅可以提供准确和可靠的财务会计信息，还能为企业的管理决策提供重要参考。例如，在进行资产评估、财务分析以及投资决策时，企业可以凭借基于历史成本的会计信息进行准确地评估和分析，从而更好地把握企业的经营状况和发展趋势。

二、收入实现原则

（一）收入实现原则概述

在企业财务会计中，收入实现原则规定了企业在何时确认收入，并对企业的财务报表和经营决策产生了重要的影响。收入实现原则要求企业在实际完成交易时才能确认收入，而不是在收到货款或发出发票时确认收入。

收入实现原则强调了收入确认的时间点。根据该原则，企业只有在实际完成交易并满足一定的条件时，才能确认相关的收入。这意味着企业不能提前确认尚未实现的收入，以确保财务报表的准确性和可靠性。例如，一家制造企业只有在将产品出售给客户并确认收到付款后，才能将销售收入计入财务报表。

收入实现原则对于企业的经营决策具有重要的指导作用。企业在决策时必须考虑到收入实现原则的要求，以确保财务报表能反映真实的经营状况。例如，企业在制定销售策略时需要权衡销售额和收款时间的关系，避免出现在短时间内提高销售额，却延迟收款的情况，导致财务报表的信息误导经营者和投资者。

（二）收入实现原则的应用实例

一个典型的应用实例是企业在销售产品时。假设一家制造企业通过销售其产品来赚取收入。当企业将产品交付给客户，并且客户已经接受了产品，合同成立，并且明确了与销售相关的款项和条款，企业才能确认销售收入。在这个过程中，企业需要保留相关的销售合同和发货文件作为收入确认的证据。只有当这些条件都满足时，企业才能将销售收入计入财务报表。

另外一个应用实例是提供服务的企业。例如，一家咨询公司向客户提供了专业的咨询服务。根据收入实现原则，这家咨询公司只能在提供服务后才能确认收入。一般来说，在咨询项目完成或达到里程碑时，企业可以确认相应的收入。与产品销售类似，咨询公司需要保留相关的咨询合同、项目报告和客户确认文件作为收入确认的证据。

应用收入实现原则并不总是简单明了的，有时候，企业可能会面临一些困难和挑战。例如，在长期项目中，企业可能需要根据合同中的里程碑或时间表来确认收入，而不是将全部收入一次性确认。另外，如果企业在销售产品或提供服务时还有其他义务，如提供保修或后续支持，那么企业需要合理分配收入确认的时间和金额。这些是企业在应用收入实现原则时需要考虑的一些复杂因素。

三、配比原则

(一)配比原则概述

在企业财务会计中,配比原则关注的是企业在财务决策和报告中应当如何合理地配比各项财务数据和信息,以达到真实、准确、公正的财务信息披露的要求。

配比原则要求企业根据财务信息的性质和特点,将其按照一定的方式进行配比。这种配比包括两个方面的考虑,即内部配比和外部配比。内部配比指的是企业内部各账户之间的配比,如流动资产与流动负债之间的配比,固定资产与长期负债之间的配比等。外部配比则是指企业与外部环境之间的配比,如企业与同行业的竞争对手之间的财务数据对比配比。

配比原则的目的是使财务数据能够更好地反映企业的经营情况和财务状况,提供给利益相关者准确、全面的信息依据。通过合理的配比,人们可以更清晰地了解企业不同账户之间的关系,判断企业的运营情况,评估其经营绩效,并从中识别出潜在的问题和风险。

(二)配比原则的应用实例

1.投资决策

企业在作出投资决策时,需要综合考虑不同项目的投入和回报比例。通过应用配比原则,企业可以在决策过程中清楚地了解每个项目的投资比例和预期回报,从而作出更明智的决策。例如,某企业考虑投资两个项目,项目A的投资回报比为1∶2,项目B的投资回报比为1∶3。在决策过程中,企业应根据配比原则进行准确的计量和记录,确保投资比例的准确性。

2.财务报告

企业在编制财务报表时,需要根据实际发生的配比关系进行记录和呈现。例如,在编制利润表时,企业需要按照销售收入和相关成本的实际配比关系计算和呈现,以准确反映企业的业务表现和盈利能力。

四、权责发生制原则与收益性支出原则

(一)权责发生制原则概述

权责发生制原则强调在确认和计量财务事项时，应基于实际发生的经济业务，而不是基于现金交换。即使现金尚未收到或支出，只要企业承担了权利和责任，相关交易就应该被计入账户，反之亦然。

权责发生制原则的核心是将企业的权益变动与经济业务的发生联系起来。在这一原则下，企业在交易发生时就确认和计量了相关的收入、费用、资产和负债。重要的是，权责发生制原则使企业对未来的风险和收益有更准确的认识和评估，从而更好地决策和管理业务。

权责发生制原则的应用范围十分广泛。无论是日常的销售和采购业务，还是复杂的长期合同和金融交易，都需要依据权责发生制原则进行会计处理。例如，当一家公司签订了销售合同并交付了产品，即使收到货款的日期尚未确定，根据权责发生制原则，公司依然可以确认销售收入，并计量相应的应收账款。

虽然权责发生制原则在理论上很清晰，但在实践中也面临着一些挑战和影响因素。首先，权责发生制原则的应用需要企业具备完善的内部控制和信息系统，以确保交易的记录和确认准确无误。此外，由于现金流不一定与收入和费用的发生时间一致，权责发生制原则可能使企业的现金流表现与经营业绩产生一定的差异，这就需要企业进行适当的解释和分析。

(二)收益性支出原则概述

收益性支出原则关注的是企业为获取未来经济利益所进行的支出。根据这一原则，企业应当将与获取未来经济利益有关的支出在发生时计入成本，以便在未来实现收益时进行确认。

收益性支出原则强调了与经济利益流入有关的支出。这意味着只有那些能够带来未来收益的支出才能被认定为收益性支出。例如，企业进行的研发投资，这些投资将会为企业创造出新产品或者提高现有产品的质量和竞争力，从而带来未来的经济利益。因此，研发费用应当在发生时计入成本，以便在未来实现收益时予以确认。

根据收益性支出原则，支出应当在发生时计入成本。这意味着企业在进行

收益性支出时，应当立即将支出计入其成本，而不是按照收益的发生时间进行确认。这一做法有助于使财务报表更为准确和及时地反映企业的经营状况和成果。

应当注意的是，收益性支出原则要求谨慎对待可能发生的风险和不确定性因素。尽管企业付出了一定的支出，并有望在未来实现经济利益，但并不能保证所有支出都能够如期产生收益。因此，应当在计入成本时进行谨慎的估计和评估，以便准确反映支出的实际经济效益。

五、谨慎原则

(一)谨慎原则概述

在企业财务会计中，谨慎原则强调要对企业财务状况进行准确的评估和报告，确保财务信息的真实性和可靠性。谨慎原则要求企业应遵循保守的估计原则，准确反映企业的财务状况和业绩。

谨慎原则强调对资产价值的保守估计。企业应当谨慎对待资产的价值评估，尽可能采取保守的估计方法，避免对资产价值进行过高的估计，避免夸大企业的实际价值。例如，在计算资产折旧的时候，可以采取较短的使用寿命和较低的残值率，从而确保对资产价值的准确反映。

在负债方面，企业也应当采取保守的估计方法。企业应对债务和负债进行谨慎评估，确保负债的计量和披露具备合理性和可靠性。企业应当充分考虑各种潜在负债，如法律诉讼、保证责任等，并在财务报表中清晰地披露这些潜在负债，从而使财务信息更加透明和准确。

谨慎原则还要求企业清楚与披露相关的风险和不确定性。企业的财务状况和业绩可能会受到各种内外因素的影响，包括市场波动、法律法规变化、经济形势等。企业应当对这些风险和不确定因素进行充分评估，并在财务报表中清晰披露，以便用户能够全面了解企业的风险和健康状况。

(二)谨慎原则的应用实例

谨慎原则要求企业在计量资产和负债时，应当特别注重准确性和保守性。例如，在对应收账款进行减值准备计提时，企业应当充分考虑各种可能的风险和不确定性因素，合理评估坏账风险，并根据相关准则进行适当的计提。这样可以确保企业在面对潜在的损失时有足够的准备。

谨慎原则在盈利能力的确认和收益分配方面也起到了关键作用。按照谨慎原则,企业应当合理评估收益的实现情况,避免过于乐观地确认盈利。例如,在面对收入的确认时,企业应当在充分了解收入的实现条件和相关风险的基础上,谨慎地确认收入。这样可以避免因为过于乐观的收入确认而导致财务报表失真。

谨慎原则对于企业的费用和费用资本化的决策有着重要的影响。企业在决策过程中应当对费用的性质和经济效益进行全面的评估。当面临费用资本化的决策时,企业应当根据谨慎原则,考虑费用是否会带来未来经济效益,并基于充分的论证和评估进行决策。这样可以保证企业的资产和负债的准确体现,并避免因费用资本化不当而对企业财务状况造成影响。

第三节　企业财务会计内部控制

一、企业财务会计内部控制的概念

(一)内部控制的定义

内部控制是指企业为达到经营目标,保护财务会计信息的准确性、可靠性、及时性以及遵循相关法律法规和规章制度而实施的一系列制度、措施和行为。其主要目的是预防和发现潜在的财务风险,并采取相应的措施进行控制。

1. 内部控制在企业中具有普遍适用性

无论企业的规模大小、行业类型如何,内部控制在确保财务会计信息的准确性和可靠性方面都扮演着重要的角色。其目的不仅仅是为了满足会计监管机构对于财务报告的要求,更在于为企业的管理层提供准确的决策依据,保障企业的经营安全和发展。

2. 内部控制是一种组织管理的手段

通过明确职责和权限,建立合理的组织架构,确保各项业务能够按照既定的流程和要求进行。内部控制也包括对企业内部各种活动和流程的监督和评估,以及对员工行为的规范和约束。通过这些措施,企业能够有效地分配资源、管理风险，提高企业的运作效率和经营效益。

3.内部控制强调风险管理

企业面临各种内外部的风险，如财务诈骗、审计风险、管理风险等。内部控制的设计和实施就是为了识别、评估和管理这些风险。通过建立适当的风险评估机制，制定风险预警和防范措施，企业能够及时发现并应对潜在的风险，从而降低风险对企业的影响。

4.内部控制是一个持续的过程

企业内部控制不能孤立地看待，而应该将其视为一个动态的系统。内部控制的设计和实施需要根据企业内外环境的变化进行调整和优化。同时，要不断通过内部审计、评估和改进机制，对现有的内部控制进行监督和完善，确保内部控制的有效性和适应性。

(二)内部控制的目的

1.保护企业的利益和资产

通过建立完善的内部控制体系，企业可以有效地预防各种内部和外部的风险和威胁。例如，内部控制可以避免员工的盗窃行为，减少因此而造成的损失，保护企业的资产安全。

2.确保财务报告的准确性和可靠性

内部控制可以帮助企业及时获得、处理和传递相关的财务信息，确保财务报告的准确性和完整性。通过合适的内部控制措施，企业可以减少会计出现错误的情况和降低失去重要的财务信息所带来的风险。

3.提高企业的经营效率和效益

通过规范和优化财务会计的内部流程，内部控制可以提高企业的运作效率，减少资源的浪费，增加管理的灵活性。此外，内部控制还可以减少企业在经营过程中所面临的各种风险，并为其提供正确、全面的决策依据，从而提高企业的经营效益。

4.保护企业的声誉和信誉

良好的内部控制可以帮助企业树立良好的形象，提升企业的声誉和信誉度。通过严格执行内部控制制度，企业可以提高合作伙伴、客户以及其他利益相关方对企业的信任，进而促进企业的可持续发展。

（三）内部控制的功能

1.风险管理

企业运营中存在各种风险，如财务欺诈、错误报告、不当资金运用等。良好的内部控制可以帮助企业识别、评估和控制这些风险，降低企业面临的风险程度。通过建立健全的风险管理制度，企业能够有效地预防风险的发生，保护企业的财务利益和声誉。

2.保障财务报告的可靠性

财务报告是企业对外披露的重要信息，直接关系到投资者、债权人和其他利益相关方的利益。通过严格的内部控制，确保财务报告的准确性和可靠性是非常重要的。内部控制可以确保财务数据的正确性和完整性，防止虚假报告和重大错误的发生，并能及时发现和纠正错误，提高财务报告的质量和透明度。

3.推动业务流程的高效运行

良好的内部控制能够明确企业的业务流程和各个环节的责任与权限，并建立相应的规章制度和流程等控制措施。通过标准化的流程、有效的分工和适当的授权，内部控制可以提高业务流程的效率，减少决策不确定性和操作风险，提高工作效率和执行力。

4.保护企业资产

内部控制通过建立适当的资产管理制度、风险防范和保险措施，可以有效地保护企业的资产免受损失或滥用。通过建立资产清单、授权限制、保密等措施，内部控制可以最大限度地保护企业的资产安全和合法权益。

二、企业财务会计内部控制的原则

(一)控制环境原则

控制环境是指企业内部在执行财务会计内部控制时的整体氛围和风格，它对于确保内部控制的有效性和持续性起着决定性的作用。在控制环境下，公司的内部控制政策、风险管理和合规性要求都能够得到有效的传达和实施。控制环境的优劣直接影响着企业内部控制的有效性和效率。

其一，控制环境需要有明确的组织结构和分工责任。公司应当建立健全内部管理体系，明确岗位职责和权责关系，确保每个员工都清楚自己在内部控制中的角色和责任。通过明确的组织结构，可以实现资源的合理配置，确保内部控制的有效实施。

其二，控制环境需要强调高度的道德与道德约束。企业内部应树立正确的价值观和道德意识，倡导诚实守信、公正透明的行为准则。通过持续的道德教育和培训，提高员工的道德水平和风险意识，避免内部人员出现违背职业道德和企业利益的行为，从而确保内部控制的完整性和可靠性。

其三，控制环境需要有有效的风险管理机制。企业面临着各种外部和内部的风险，包括市场风险、操作风险、信息安全风险等。通过建立风险评估和管理机制，企业能够及时识别、评估和控制各类风险，从而降低风险对企业内部控制的影响。

其四，控制环境需要强调领导层的重要作用。领导层在企业内部控制中扮演决策者和示范者的角色。他们应该树立榜样，带头遵守内部控制的政策和程序，同时要关注企业的内部控制状况，及时调整内部控制的策略和方法，确保内部控制的有效实施。

(二)风险评估原则

风险评估的核心任务是对内部风险进行全面、科学的评估，以便识别出潜在的风险，并采取相应的措施进行应对。在风险评估原则的指导下，企业可以更好地应对外部环境变化与内部操作风险，保障财务会计信息的真实、可靠和准确。

1.基于充分的内外部信息收集与分析

企业应当建立完善的信息收集渠道，及时获取市场、行业、经济等方面的动态变化信息，并对其进行深入分析，以识别可能影响企业财务会计的重大风险。充分了解企业自身的运营情况，从财务数据、业务流程、人员组织等多个角度进行综合评估，以发现可能存在的潜在风险。

2. 注重风险的量化与定性分析

在收集到的信息的基础上，企业应当对风险进行量化分析，并与损失事件概率结合，进行风险等级评估。也应当进行定性分析，综合考虑风险对财务会计影响的重要程度、可能性与可控性等因素，从而确定风险的优先级。

3. 考虑内部控制与风险管理的协调

内部控制与风险管理密切相关，两者相辅相成。在风险评估过程中，企业应当重点关注现有的内部控制体系是否能够覆盖已识别的风险，并对其进行评估与强化。同时，还应当在实施内部控制的过程中，根据风险评估结果进行调整与改进，以确保内部控制的有效性与适应性。

(三)控制活动原则

控制活动原则旨在确保企业的财务会计活动得以有效管理和监督，从而保障财务信息的真实性、准确性以及完整性。控制活动原则包括一系列的方法和措施。应建立一个有效的内部控制体系，以保护企业的利益。

1. 明确划分职责和权责

在企业财务会计内部控制中，不同的职能部门承担着不同的责任和权力。明确划分职责和权责，可以确保每一位员工都清楚自己的职责范围，避免职责的重叠和混淆。这有助于提高企业内部协作的效率，减少资源的浪费，并保护企业财务会计的利益与安全。

2. 制定合理的审核和审批制度

在企业财务会计内部控制中，审核和审批制度的建立是确保财务信息真实性和准确性的重要手段。公司应该建立起一套完善的审核程序，并制定明确的审批要求和审批流程。这样可以确保每一项财务活动都经过必要的审核和审批，确保财务信息的真实性，提高财务活动的效率和规范性。

3.建立有效的内部控制规范和程序

内部控制规范和程序是企业财务会计内部控制的重要组成部分。企业应该制定一系列明确的与财务活动相关的规范和程序,并严格执行。这包括制定规范的财务会计制度、建立有效的财务核算流程、确保财务记录的准确性等。通过建立有效的内部控制规范和程序,可以提高企业财务会计管理的规范性和准确性,降低财务风险的发生。

4.建立健全的财务信息管理系统

财务信息管理系统是企业财务会计内部控制的重要组成部分,它可以实现对财务信息的分类、存储、分析和报告等功能。企业应采用先进的信息技术手段,建立一个全面且高效的财务信息管理系统。通过建立健全的财务信息管理系统,可以提高财务信息的及时性、准确性和可靠性,为企业的决策提供有力的支持。

(四)信息与沟通原则

信息与沟通包含信息的收集、处理、传递以及相关各方之间的有效沟通。信息与沟通原则的核心目标是确保准确、及时、全面的信息传递和有效的沟通渠道。在内部控制设计和实施中,遵循以下四个原则可以更好地促进信息与沟通的有效性。

1.建立健全的信息处理系统

一个良好的信息处理系统应当具备高效、准确、可靠的特点,确保财务信息及时准确地记录和呈现。例如,可以采用计算机辅助系统来提高数据处理的速度和准确性,同时确保信息的安全和保密性。

2.鼓励良好的内部沟通和合作

在企业内部,各级部门之间、职能部门之间以及不同岗位之间的沟通与合作关系紧密相连。有效的内部沟通有助于信息的及时流动、问题的及时解决以及资源的合理分配。因此,建立一个开放、透明、积极的沟通氛围,鼓励员工积极提供反馈和建议,可以促进信息的畅通和共享。

3.确保适当的信息披露

企业应当根据相关法规和规定,将重要的财务信息及时、准确地披露给相关利益相关者，如投资者、股东、合作伙伴等。透明的信息披露可以增强投资者的信心，建立企业的良好形象，同时也有助于决策者作出准确的判断和决策。

4.建立适当的信息反馈机制和监督机制

企业应当建立有效的反馈渠道，使各级员工能够及时向上级汇报工作进展、问题和需求。此外，还应当建立独立的内部监督机构或者委员会，对信息的披露和沟通的质量进行监督和评估，确保内部控制的有效性和合规性。

（五）监督原则

1.建立一套完善的监督体系

内部审计是企业自我监督和审查的重要手段，通过对企业财务会计内部控制的审计，能够及时发现问题并提出改进意见。风险评估的主要目的是评估和监测企业面临的各种风险，并及时采取相应的控制措施。追溯体系是为了发现问题后能够找到问题的根源并进行相应的纠正。管理层对内部控制的监督则是确保内部控制能够持续地运行，并能及时进行修正和改进。

2.建立一个监督反馈机制

通过实施对内部控制的评估和监督，不仅可以及时发现问题，还可以及时提供反馈。企业应该建立一个有效的反馈机制，将监督结果及时反馈给有关部门和人员，以便及时采取相应的纠正措施。反馈机制的建立不仅有助于持续改进内部控制，还增强了员工对内部控制的重视程度，提高了其参与度。

3.进行独立的外部监督

企业可以通过聘请外部专业机构进行第三方审计，以验证内部控制的有效性和合规性。外部监督除了能够对内部控制进行客观的评估外，还能提供独立的意见和建议。通过外部监督的引入，企业能够进一步提高内部控制的可信度和透明度，为投资者和利益相关者提供更加可靠的信息。

4.内部控制的持续改进

企业应该将内部控制看作一个动态的过程，不断对现有控制措施加以评估和改进。通过定期的内部控制评估，企业可以发现控制措施的不足，及时采取改进措施。同时,企业还应该建立一个逐步完善的内部控制改进计划,确保内部控制的不断提升,同时适应企业的发展需要。

三、企业财务会计内部控制的设计与实施

(一)内部控制系统的设计

一个完善的内部控制系统可以帮助企业有效地保护财务资产,提高财务报告的可靠性,降低财务风险,确保企业的可持续发展。

在设计内部控制系统时,需要明确内部控制的目标和原则。内部控制的目标主要包括保障财务报告的可靠性、保护企业的资产、促进业务运作的效率和效果、确保法律法规的遵守等。在此基础上,我们可以确定适用于企业的内部控制原则,如明确责任分工、建立适当的授权机制、制定合理的政策和程序、建立有效的风险管理机制等。

在设计内部控制系统时,需要充分考虑企业的特点和业务需求。不同企业的内部控制系统设计可能存在差异,因此需要根据企业的规模、行业、组织结构等因素进行合理的调整。例如,对于规模较大的企业,可以设立专门的内部审计部门来独立监督和评估内部控制系统的有效性;对于跨国企业,需要考虑国际财务报告准则的要求,以及不同国家和地区的法规差异。

在设计内部控制系统时,需要充分考虑内部控制的要素。内部控制的要素包括控制环境、风险评估、控制活动、信息与沟通以及监控机制。在设计内部控制系统时,可以通过建立适当的组织文化和价值观,制定风险评估程序,设计有效的控制活动,建立信息系统和沟通机制,设立内部审计和监控机制等,来提升内部控制系统的有效性。

在设计内部控制系统时,需要考虑不同层次和不同功能部门之间的协同配合。内部控制系统不仅仅是财务会计部门的责任,还需要各个部门和岗位共同参与,形成一个相互配合、相互监督的内部控制网络。因此,在设计内部控制系统时,需要明确各个岗位的责任和权限,制定出明确的流程和程序,并通过培训和沟通机制,确保各个部门和岗位都能够理解和有效地执行内部控制制度。

(二)内部控制活动的设计

内部控制活动的设计是为了确保企业财务会计信息的准确性、可靠性和合规

性。为了实现这一目标，内部控制活动应当基于一系列的原则和要素展开设计。

在设计内部控制活动时，应当遵循明确的目标和策略。在设计阶段，企业需要明确制定内部控制的目标，明确控制的范围和重点，并制定相应的策略和措施。这样可以帮助企业将资源合理分配，使内部控制活动更加有效和高效。

在设计内部控制活动时，应当考虑企业的风险特征。在确定适用的内部控制活动时，企业应当充分考虑自身的风险特点。通过对企业内部风险的综合评估，可以确定需要采取的控制措施，以减少风险的发生，并确保会计信息的准确性和合规性。

在设计内部控制活动时，应当注重制度和流程的构建。企业需要建立明确的控制制度和流程，确保相关人员在内部控制活动中的职责和权限得到明确定义，并通过有效的控制手段来监督和管理这些活动。这些制度和流程的构建应当以规范为基础，确保内部控制活动的一致性和可操作性。

在设计内部控制活动时，应当考虑信息系统的支持。在当今信息技术高度发达的背景下，企业需要充分利用信息系统来支持内部控制活动的设计和实施。通过建立强大的信息系统和技术工具，企业可以更好地收集、分析和监控财务会计信息，提高内部控制活动的效率和效果。

（三）内部控制的实施与监督

在内部控制的实施过程中，企业应该明确内部控制的目标和要求。这包括制定内部控制的政策和程序，明确内部控制的职责和权限，以及确立内部控制的监督与评估机制。通过明确的目标和要求，企业能够更加清晰地指导内部控制的实施工作。

在内部控制的实施过程中，企业应该完善内部控制的组织结构。这包括设立内部控制部门或专职人员，负责协调、监督和评估内部控制的实施情况。内部控制的实施是一个涉及多个部门和岗位的过程，需要有良好的组织结构来保障各个环节的协调与配合。

在内部控制的实施过程中，企业需要制定内部控制的流程和制度。内部控制的实施需要有具体的操作规范和流程，这样才能确保各项控制活动的有序进行。例如，企业可以制定详细的财务报表编制流程、资金流动控制流程等，明确各个环节的责任和操作要求。

在内部控制的实施过程中，企业还需要建立健全的内部控制信息系统。内部控制信息系统可以帮助企业及时获取内部控制实施的状态和结果，为内部控制的监督提供有效的数据支持。通过信息系统，企业可以进行实时的监控和评估，及时发现问题并采取相应的纠正措施。

在内部控制的实施过程中，企业需要进行内部控制的持续监督和评估。内部控制的实施并不是一次性的工作，而是需要持续性地进行监督和评估。企业可以通过建立内部审计部门或聘请外部专业机构对内部控制的实施情况进行定期的审计和评估，并及时提出改进建议和意见。

第三章 企业管理会计

第一节 企业管理会计概述

一、企业管理会计的特点

(一)决策导向性

决策导向性是指企业管理会计以提供有关决策的信息为核心目标,为企业管理层在决策过程中提供可靠的数据和有关分析。在企业管理中,决策是一个重要的环节,它直接关系到企业的发展和持续经营能力。因此,企业管理会计通过分析和评估各种决策方案的经济效益,为管理层提供科学的决策依据。

决策导向性体现在企业管理会计对内外部信息及时地收集和处理。管理层需要了解市场、行业和竞争对手的情况,以便作出有利于企业发展的决策。企业管理会计通过收集并分析市场的需求和供应情况,及时获取相关信息,帮助管理层准确判断市场趋势和竞争态势,从而为企业的发展提供可靠的决策支持。

决策导向性表现在企业管理会计对各项决策方案的经济效益进行评估和分析。在企业运营中,管理层需要进行各种决策,如投资决策、融资决策、生产决策等。企业管理会计通过收集和整理企业内部的财务和非财务信息,利用各种管理会计工具和技术,对各项决策方案进行经济效益的分析和评估。通过对决策方案的比较和选择,最终确定最优的决策方案,促进企业的持续发展和提高企业的竞争优势。

决策导向性还表现在企业管理会计对决策过程中的风险进行评估和控制。在企业管理中,决策往往伴随着风险。企业管理会计通过对不同决策方案的风险进行分析和评估,帮助管理层识别、评估和控制风险,以减少决策过程中可能出现的不确定性和风险。这样,决策导向性使企业管理会计在决策过程中具有科学性和可靠性,提高了企业管理效益。

(二)前瞻性

前瞻性体现在企业管理会计能够通过分析和预测未来经济环境和市场趋势，提供决策支持和预测结果，帮助企业进行合理的决策和规划。

企业管理会计通过收集和整理大量的经济数据，分析企业内外部的经济环境和市场趋势，了解市场需求、竞争态势、供应链状态等信息，预测未来的市场发展趋势，从而为企业提供未来发展方向的决策建议。例如，通过对市场调研、客户需求分析和对竞争对手的动态监测，企业管理会计能够给企业决策者提供一个对未来销售额和市场份额的预测，有助于企业制定合理的生产计划和销售策略。

企业管理会计能够通过对过去的业绩和现有资源的分析，预测企业的未来盈利能力和财务风险。通过对财务报表、成本分析、资金流量和经营情况等的综合分析，企业管理会计能够提供给企业决策者对企业未来盈利能力的预测，有助于企业制定合理的财务目标和管理策略。例如，通过对成本结构和成本变动的分析，企业管理会计能够预测和评估未来成本的波动情况，从而帮助企业制订合理的成本控制措施和利润增长计划。

企业管理会计具有相对性和灵活性，能够根据企业自身的特点和经济环境的变化，灵活地调整管理会计的内容和方法，以适应企业的发展需求和管理需求。例如，随着企业的发展和经营环境的变化，原有的管理会计指标和方法可能不再适应企业的情况，企业管理会计需要对其进行调整和优化，以使其更符合企业发展的需要。

企业管理会计的前瞻性也体现在其对企业未来的风险和挑战进行预警和预测。通过对市场竞争、技术变革、政策调整等因素的分析，企业管理会计能够提前预测到可能出现的风险和挑战，并提供相应的应对措施，帮助企业应对未来的经营环境和市场变化。

(三)相对性和灵活性

相对性指的是企业管理会计的信息和数据是相对于特定背景和情境而言的，而不是孤立存在的。不同的企业、不同的行业、不同的管理层都会对会计信息的需求有所不同。因此，企业管理会计要根据具体的环境和背景，为管理层提供可靠、准确、针对性强的信息和数据。

相对性带来的一个重要影响是灵活性。企业管理会计需要具备灵活性来适应不断变化的环境和需求。企业在经营过程中会面临各种挑战和变化，包括市场需求的变化、竞争环境的变化、技术进步的变化等。在这样的环境下，企业需要及时调整经营策略和决策，而企业管理会计要做到紧跟变化，及时提供相关的管理信息和数据，帮助管理层作出准确的决策。

相对性和灵活性的重要性在企业管理会计中凸显出来。首先，相对性和灵活性使企业管理会计能够真正服务于企业的实际需求，为管理层提供有针对性的信息和决策支持。其次，相对性和灵活性帮助企业管理会计紧密结合企业的战略目标和运营环境，提供更准确的预测和分析，为企业的决策提供更有力的依据。最后，相对性和灵活性使企业管理会计能够更好地应对外部环境和内部变化，提高企业的竞争力和适应性。

在实际应用中，相对性和灵活性的实现需要企业在管理会计制度的建设和实施上下功夫。首先，企业需要明确自身的战略定位和核心需求，根据这些需求设计和开展管理会计体系。同时，企业还需要建立有效的信息收集和分析机制，及时了解和反映企业内外部的变化和需求。其次，灵活性的实现还需要培养和发展具有专业背景和敏锐洞察力的管理会计人员，他们能够快速反应和适应变化的需求，提供及时准确的管理信息和数据。

(四)精细化管理

精细化管理强调对企业各项经济活动和资源的精细分析和管理，以实现更高效的决策和资源配置。精细化管理基于精确、详尽的数据收集和分析，使决策者能够更好地理解企业内部运营的细节和变化趋势。

1. 注重信息的精准性和全面性

企业管理会计通过建立完善的信息系统，收集和记录各项经济活动的数据，包括生产成本、销售收入、资金流动等。这样的信息系统能够为企业提供准确、及时的数据支持，为企业管理者的决策提供可靠的依据。

2. 强调数据和指标的细致分析

企业管理会计运用各种分析工具和技术，对企业内部的经济活动进行深入剖析，以提取有价值的信息。例如，通过成本分析，可以确定各个生产环节的成本构成和成本结构，从而帮助企业管理者优化资源配置和成本控制。通过对销售数据和市场进行分析，可以了解产品销售状况、市场需求等，为企业制定合理的市场营销策略提供科学依据。

3.强调绩效评价和控制

企业管理会计通过建立适当的绩效评价指标和控制体系,对企业的各项经济活动进行监控和评估。通过绩效评价,可以及时发现经营中存在的问题和隐患,并采取相应措施进行调整和改进。利用控制系统,可以确保各部门和个人按照既定目标和政策开展工作,保持良好的运营状态。

4.注重信息的灵活运用

企业管理会计提供的详细数据和信息并非孤立存在,而是要与其他部门和决策环节相结合,形成协同效应。通过灵活运用这些信息,可以为企业提供更准确、更全面的决策支持。例如,通过将成本分析结果与销售数据相结合,可以评估不同产品或渠道的盈利能力,进而制定合理的销售策略和定价策略。

二、企业管理会计的任务

(一)经营决策支持

企业在日常经营中需要作出各种决策,包括市场定位、产品定价、产能规划等。这些决策直接关系到企业的生存和发展,因此准确的信息和数据对于决策的制定具有至关重要的作用。

经营决策支持要求企业管理会计系统能够及时提供准确、全面的数据信息。这些数据信息包括市场需求、竞争对手情况、成本结构、产品成本和利润分析等。通过对这些数据的收集、整理和分析,企业可以了解市场的需求变化趋势,分析竞争对手的产品定价策略,评估不同产品线的成本和利润情况,从而为决策提供科学、准确的参考依据。

经营决策支持要求企业管理会计系统能够进行预测。准确的预测对于企业决策至关重要。通过企业管理会计系统的数据分析和模型建立,可以对市场需求的变化、竞争对手的行动、成本的波动等进行预测。这样,企业可以根据这些预测结果制订合理的决策方案,为企业的经营活动提供有力的支持。

经营决策支持要求企业管理会计系统能够提供多种决策模型和分析工具。不同的经营决策需要使用不同的分析方法和决策模型。企业管理会计系统应该提供多种决策模型和分析工具，以满足不同决策需求。例如，企业可以使用成本一收益分析模型来评估产品线的盈利能力，使用敏感性分析模型来分析不同因素对决策结果的影响，使用决策树模型来制定市场定位策略等。通过灵活运用这些决策模型和分析工具，企业能够更好地作出决策，并为实现企业的经营目标提供有力的支持。

（二）经营活动控制

1.经营活动控制涉及企业资源的合理配置和利用

通过对各项资源的控制和调配，企业可以更好地支持和促进各项经营活动的顺利开展。例如，在生产活动中，通过对原材料、劳动力和设备的合理配置和调度，企业能够实现生产成本的降低，提高产品质量和生产效率。

2.经营活动控制涉及对企业各个环节的监控和协调

通过对生产环节、销售环节、物流环节等的控制和指导，企业能够实现全面的活动管理和协调。例如，在销售环节，通过对销售目标和销售计划的制定和跟踪，企业可以实现对销售活动的有效控制和管理，从而提高销售额和市场份额。

3.经营活动控制包括对经营过程的监测和分析

通过对各项经营活动的数据收集和分析，企业能够了解经营情况，及时掌握发展趋势，并作出相应的调整和决策。例如，通过对财务数据的分析，企业可以评估经营活动的盈利能力、偿债能力和运营能力，从而为管理决策提供有力支持。

4.经营活动控制包括对经营风险的管理和控制

通过对潜在风险的预测、识别和评估，企业能够采取相应的措施来规避或降低风险的发生和影响。例如，在供应链管理中，通过对供应商的信誉度、交货周期和产品质量等进行评估和监控，企业可以降低因供应链不稳定而带来的经营风险。

（三）经营效果评价

经营效果评价主要用于评估企业在经营过程中取得的效果和成果。通过对各项经营指标的评估和分析，企业可以了解自身的经营状况，并据此制定相应的经营策略和决策。

1. 帮助企业了解经营绩效的整体情况

通过对关键指标如销售额、利润率、市场份额等的评估，企业可以了解自身在市场上的竞争力和可持续发展能力。在竞争日益激烈的商业环境下，企业需要及时了解自身的经营状况，以便采取相应的调整措施。

2. 帮助企业发现经营中的问题和潜在风险

通过对各项经营指标的跟踪和比较分析，企业可以及时发现存在的问题和潜在风险，并采取相应的措施进行改进和防范。例如，如果某项产品的销售额较去年同期下降，企业可以通过进一步分析找出原因，并采取相应的市场推广和产品改进措施。

3. 为企业的决策提供数据支持

在制定经营策略和决策时，企业需要准确、可靠的数据作为依据。通过对经营效果的评价，企业可以获得有关市场环境、内部资源配置和业务模式等方面的数据，为决策提供有力支持。

4. 帮助企业进行绩效激励和考核

通过对经营效果的评价，企业可以对员工和部门进行绩效评估，激励优秀者，提高员工的积极性和创造力。同时，对不同部门和业务进行经营效果的比较评价，可以为企业的资源配置和优化提供参考依据。

(四)经营风险管理

在企业管理会计中，经营风险管理是一个至关重要的任务。企业面临着各种各样的风险，如市场风险、财务风险、竞争风险等。有效地管理这些风险对于企业的长期发展和稳定运营具有重要意义。

经营风险管理首先需要识别和评估经营风险。企业通过对内外部环境的研究和分析，了解可能对企业经营产生不利影响的风险因素。通过制定科学的方法和指标，对这些风险进行量化评估，确定其可能造成的影响和发生的概率。这样，企业才可以有针对性地采取相应的防范和控制措施。

经营风险管理需要建立一套完善的控制体系和风险管理制度。这包括制定风险策略、建立风险管理流程、明确风险责任等。通过跟踪监控和检查分析，实时了解风险的动向和变化，及时采取应对措施。还需要加强对内部控制和风险防范意识的培养，提高员工对于风险管理的重要性的认识，以及对风险管理方法和工具的熟悉程度。

经营风险管理需要及时评估和反馈。企业需定期评估风险管理的有效性和成效，对已经发生的风险事件进行评估和总结，及时调整和改进风险管理的策略和方法。对于风险管理的信息和数据进行汇总和分析，形成风险管理报告和风险度量指标，为企业管理者提供决策的参考依据。

经营风险管理需要与其他部门协同合作。由于风险的多样性和复杂性，单一部门或个人的努力往往难以达到预期效果。企业需要将风险管理纳入整个组织的管理体系中，加强各部门之间的合作与沟通。只有通过整体协同作战，才能更好地应对各类风险。

三、企业管理会计的职能

(一)预算编制职能

预算编制是企业管理会计中的一个重要职能，它涉及企业的财务规划和资源分配。通过制定预算，企业能够对各个部门的经济活动进行合理规划，并确保资源的有效利用。预算编制职能在企业管理会计中起到了至关重要的作用。

1. 帮助企业实现财务规划

在预算编制的过程中，企业需要对不同部门、项目的财务需求进行评估和分析，从而制定出合理的财务目标和计划。通过预算编制，企业能够预测未来的财务状况，为企业的经营决策提供重要的参考依据。

2. 有助于资源的合理分配

通过编制预算，企业能够对各个部门的经济活动进行科学地安排，合理调配资源。预算编制能够明确财务资源的分配比例和方向，确保各个部门都能够得到适量的资源支持，提高资源的利用效率，避免资源浪费。

3. 有助于提高企业的绩效管理

通过预算编制，企业能够为各个部门和员工设定明确的目标和任务。这些目标和任务是能够量化和可衡量的，有助于企业对绩效进行评估和管理。通过与实际绩效进行对比，企业能够及时发现问题和不足，并采取相应的措施进行调整和改进。

4.有助于外部沟通和决策支持

预算编制提供了企业的财务数据以及相关的经济信息，这些信息对于企业的外部沟通和决策支持有着重要的意义。企业可以通过预算编制的结果向股东、投资者以及其他利益相关者展示企业的财务状况和发展计划，为外部决策提供参考依据。

（二）成本控制职能

成本控制的职能在于确定和分析企业的各项成本。通过准确地确定和分析企业的各项成本，包括直接成本、间接成本以及固定成本、变动成本等，企业管理会计能够了解到企业现有的成本结构和成本水平，从而为后续的成本控制提供准确的依据。通过科学的成本分析方法，企业管理会计还能够帮助企业识别出成本中的问题和优化的空间，为成本控制提供有力的支持。

成本控制的职能在于制定和实施成本控制措施。在确定了企业的成本结构和成本水平之后，企业管理会计需要制定相应的成本控制措施来降低或控制成本。这些成本控制措施包括优化生产工艺、提高资源利用效率、加强成本监控和预警等方面。企业管理会计需要综合考虑企业的经营环境、经济条件和技术能力等因素，制定出可行的成本控制措施，并将其落实到实际操作中。通过有效的成本控制措施，企业管理会计能够降低企业的经营成本，提高企业的盈利能力和竞争力。

成本控制的职能在于监控和评估成本控制的效果。成本控制并不仅仅是一次性的操作，而是一个持续进行的过程。企业管理会计需要时刻监控和评估成本控制措施的实施效果，通过与预算进行对比和分析，发现成本控制的差距和问题，并及时采取相应的调整措施。通过不断的监控和评估，企业管理会计能够确保成本控制措施的有效性和持续性，从而实现企业成本的持续降低和有效控制。

成本控制的职能在于为企业决策提供支持。成本是企业决策的重要考量因素之一。企业管理会计通过全面了解和掌握企业的成本使用情况，能够为企业的经营决策提供准确的成本信息和分析报告。在制定营销策略、确定产品定价、评估投资项目等决策过程中，企业管理会计的成本控制职能能够为企业提供决策的参考依据，帮助企业作出更加科学合理的决策，提升企业的经营效益和竞争力。

（三）决策分析职能

决策分析是通过对各种内外部信息的分析，为企业的决策提供支持和指导。决策分析职能的核心目标是帮助企业管理层作出明智的决策，以实现企业的战略目标。

决策分析职能可以提供可靠的财务数据和业务指标，为管理层提供决策所需要的信息。这些财务数据包括营业额、销售额、成本、利润等，通过对这些数据进行分析，管理层可以更好地了解企业的财务状况和经营效果，从而作出符合企业利益的决策。

决策分析职能强调对未来的预测和分析。企业管理会计通过对市场趋势、竞争状况和行业动态的分析，为管理层提供未来发展的预测。例如，在制定市场扩张战略时，管理层可以依靠企业管理会计的决策分析职能来评估市场需求、竞争对手和潜在风险，以制定有效的市场拓展策略。

决策分析职能包括对项目和投资的评估和分析。企业管理会计可以通过对投资回报率、资本成本以及风险评估等指标的计算和分析，帮助管理层判断项目的可行性和价值。这对于管理层进行投资决策，选择最具有潜力和回报的项目至关重要。

决策分析职能还涉及对业务策略和运营流程的优化和改进。企业管理会计可以通过对业务过程和成本结构的分析，发现企业存在的“瓶颈”和效率问题，并提出相应的改进措施。例如，通过对生产线的成本分析和效率评估，管理层可以决策是否要提高生产效率，降低成本，以增强企业的竞争力。

（四）内部报告职能

企业管理会计的内部报告职能是指通过编制和分析内部报告，为企业管理层提供相关的财务信息和决策支持。内部报告是基于企业管理会计系统收集的财务数据，经过加工和分析后，向企业内部不同层级的管理者提供有关企业运营和管理方面的信息。

1.促进内部控制

通过内部报告，管理层可以了解企业运营的各个方面，发现潜在的风险和问题，并采取相应的措施进行控制。例如，通过内部报告，可以及时发现成本超支、资源利用率低下等问题，并针对问题采取调整措施，从而提升企业的运营效率和效益。

2.辅助决策

管理层需要根据内部报告中的财务信息和数据，进行对策的制定和决策的支持。内部报告提供的各项财务指标、比率和分析报告等信息，可以帮助管理层判断企业的经营状况、财务健康程度、盈利能力等，并基于这些信息进行相关决策。例如，管理层可以通过内部报告分析企业各项成本的构成，找出造成成本增加的原因，并据此对成本进行控制和降低。

3.提供有关企业绩效评估和监控的信息

通过内部报告，管理层可以了解企业的运营绩效、财务表现和资产利用情况等，从而对企业的经营和发展进行评估和监控。内部报告提供的关键绩效指标和相关分析报告，可以帮助管理层发现绩效优势和不足，并及时采取措施进行调整和改进。

4.促进企业内部的信息共享和沟通

内部报告作为企业内部不同管理层之间的交流工具，可以促进各部门间的信息共享和沟通。通过内部报告，各部门可以了解其他部门的经营状况和需求，从而在决策和协调方面更加高效和准确。

四、企业管理会计的作用

（一）提高企业经营效益

企业管理会计可以帮助企业实现成本控制和利润最大化。通过对企业各项经济活动的全面监控和分析，管理会计能够及时发现企业的成本支出中存在的问题，并通过制定合理的成本管理策略和措施，有效地控制和降低企业的成本。通过对企业各项经济指标的监测和分析，管理会计能够帮助企业确定利润最大化的策略和决策，从而提高企业经营效益。

企业管理会计可以优化企业资源配置，提高资源利用效率。企业在运营过程中涉及各种资源的配置，包括人力资源、物资资源、资金资源等。通过运用管理会计的方法和工具，可以对企业的资源进行有效的调配和优化，使资源利用达到最优化，从而提高企业的经营效益。

企业管理会计可以提供决策支持与风险控制，确保企业经营决策的科学性和合理性。通过对企业各项经济指标的准确测量和分析，管理会计可以为企业的决策提供实时、准确的数据和信息支持，使得企业在作出决策时充分了解各项经济指标的情况，并进行合理的权衡和判断。管理会计还可以通过对企业的风险进行评估和控制，帮助企业降低经营风险，确保企业经营效益的稳定和可持续发展。

企业管理会计可以加强对企业运营过程的监督和评估，促进经营效益的提升。通过对企业各项财务和非财务指标的跟踪和评估，管理会计可以及时掌握企业的经营情况和变化趋势，并帮助企业发现问题和不足，及时采取相应的改进措施，从而推动企业经营效益的提升。

(二)提升企业竞争力

企业竞争力是企业长期发展的关键要素，而企业管理会计在提升企业竞争力方面起着至关重要的作用。通过企业管理会计的信息分析和评估，企业可以对市场需求、竞争对手的情况以及自身优势进行深入了解。在这一基础上，企业可以制定出更加科学和精准的竞争策略，为企业的发展提供有力支持。

企业管理会计可以帮助企业全面评估和优化资源的利用效率。通过对企业资源的有效分配和利用，企业可以提高生产效率和降低成本，从而在市场竞争中占据更有利的地位。企业管理会计还能够帮助企业发现和减少浪费，提高企业的综合效益。

在当前激烈的市场竞争环境下，企业创新是提升竞争力的关键。而企业管理会计可以为企业的创新提供强有力的支持。通过对市场和行业的分析，企业管理会计可以及时发现和预测市场的变化和趋势，从而指导企业进行创新战略的制定和实施。此外，企业管理会计还可以监测和评估创新项目的成本和效益，为企业决策提供数据支持。

企业管理会计在提升企业竞争力中扮演着推动和落实的角色。通过制定和实施绩效评价制度，企业管理会计可以对员工进行激励和工作评价提高员工的工作效率和质量。同时，企业管理会计还可以监控和评估企业各个层面的绩效，并及时进行调整和优化。

(三)促进企业内部控制

通过建立健全的企业内部控制体系,可以有效地预防和减少各类风险,提高企业运作的安全性和可靠性。企业管理会计在促进企业内部控制方面扮演着重要的角色。

企业管理会计通过提供准确、及时的财务信息,为企业内部控制提供了重要的数据支持。在企业内部控制的设计和实施过程中,需要依托可靠的财务数据进行风险评估和制定内部控制措施。企业管理会计能够通过收集、整理、分析企业财务信息,提供准确的财务数据,为企业安排合理的内部控制措施提供决策依据。

企业管理会计在内部控制的监督和评估中起到了重要的作用。通过建立全面的管理会计制度,可以对企业各项经营活动进行监督和评估,及时发现潜在的风险和问题,并采取相应的措施进行纠正。例如,通过对成本控制、预算管理、绩效评价等方面进行监控和分析,可以识别出存在的问题和不合理的做法,及时进行调整,从而促进企业内部控制的有效性和合规性。

企业管理会计还可以通过内部控制的制度建设,提升员工的意识和能力,增强他们对企业内部控制的重要性的认识和理解。通过培训、教育和激励机制的建立,可以使员工充分认识到内部控制对企业的重要性,从而提高他们在内部控制方面的自觉性和主动性,进一步促进企业内部控制的有效实施。

(四)优化企业资源配置

企业资源是指企业拥有的各种资源,包括资金、人力、物资等。合理、高效地配置这些资源,能够为企业提供强大的支持,提高企业的竞争力和经营效益。

1.有效地提升企业的生产效率

通过合理配置企业的生产要素,可以确保各资源的有效利用,实现生产成本的最小化。例如,对于生产设备的配置,通过科学、合理地确定设备的数量和规模,可以降低生产成本,提高生产效率。此外,通过合理分配人力资源,将各项工作任务合理分配到各个岗位,避免资源的浪费和重复,进一步提高生产效率。

2.有助于提高企业的市场竞争力

在现代商业环境下,资源的配置与利用决定了企业是否能够适应市场需求的变化。通过优化企业资源配置,可以实现产品的差异化和创新,提高产品质量和服务水平,增强产品竞争力。此外,通过优化企业的供应链管理和物流配送,可以降低成本,提高交付效率,增强企业的市场竞争力。

3.能够促进企业内部控制的完善

企业内部控制是在企业运营过程中对各种资源进行管理和控制,确保资源的合理分配和利用。通过优化资源配置,可以清晰地规定资源的使用方式和权限范围,加强对资源的跟踪和监控,有效地预防和控制资源的滥用和浪费。从而提高企业的内部管理效能,防范各种经营风险。

第二节　企业管理会计的类型

一、作业成本管理会计

(一)作业成本管理会计概述

作业成本管理会计是一种以作业为基础的财务管理方法,通过对作业成本的计算、分摊和控制,帮助企业进行成本核算和成本控制,并为企业经营决策提供重要的信息支持。作业成本管理会计在企业管理中具有重要的地位和作用。

作业成本管理会计能够帮助企业进行成本核算和成本控制。在生产活动中,针对每一项作业进行成本的核算和控制是非常重要的。通过作业成本管理会计的计算,企业可以将直接材料、直接人工和制造费用等成本与每项作业关联起来,准确计算每项作业的成本。这不仅有助于企业了解每项作业的成本构成,还可以为企业制定合理的作业定价和成本控制提供基础。

作业成本管理会计可以帮助企业进行成本的分摊。在企业的生产过程中,不同的作业可能会共享一些间接成本,如设备折旧、厂房租金等。作业成本管理会计通过合理的成本分配方法,将这些间接成本合理地分摊到各项作业中去。这样一来,企业可以更精确地了解每项作业的真实成本,从而更好地评估作业的盈利能力和效益。

作业成本管理会计可以为企业提供重要的管理决策支持。通过对每项作业的成本和效益进行分析,企业可以评估不同作业的盈利能力,判断作业绩效的优劣,并根据情况进行调整和优化。同时,作业成本管理会计还可以提供对企业整体成本结构的观察,帮助企业发现成本的优化空间,并采取相应的措施对成本进行控制和降低。

(二)作业成本管理会计的实施过程

1.确定作业

在实施作业成本管理会计之前,企业需要明确各项作业的范围和目标。作业可以是产品的生产过程,也可以是服务的实施过程。通过确定作业,企业能够明确成本的来源和去向,为后续的成本分配和核算提供依据。

2.建立作业成本汇总表

作业成本汇总表是作业成本管理会计的核心工具,用于记录和跟踪与作业相关的成本信息。在建立作业成本汇总表时,需要明确作业的成本构成和计算方法,以确保准确的成本核算和分析。

3.成本分配和摊销

在实施作业成本管理会计过程中,成本的适当分配和摊销是非常重要的。根据作业的特点和成本的性质,企业可以采用不同的方法进行成本分配,如直接分配、间接分配、步骤摊销等。通过成本的分配和摊销,企业能够更准确地计算作业的成本,并为决策提供可靠的依据。

4.作业成本的分析和控制

作业成本管理会计的最终目标是通过成本的分析和控制,实现资源的优化配置和成本的有效控制。在实施过程中,企业需要根据作业成本的特点和目标,采用适当的方法进行成本的分析,如变动成本的分析、固定成本的分析等。还需要通过制定合理的控制措施,监测和管理作业成本的变化和波动。

(三)作业成本管理会计的应用领域

1.制造业

在制造业中,不同的产品或产品组合都需要经历一系列的生产过程,而作业成本管理会计可以帮助企业对每项作业所产生的成本进行准确地分析和记录。通过对作业成本的管理，企业可以更好地了解产品的成本结构，从而制定合理的价格，控制成本，优化生产流程，并为决策者提供准确的成本信息。

2. 服务业

在服务业领域，往往需要为客户提供个性化的服务，而作业成本管理会计可以帮助企业对不同的服务项目进行成本核算，精确计算每项服务的成本并进行分析。通过作业成本管理会计，企业可以有针对性地制定服务定价策略，提高服务质量，提升客户满意度，并为企业的发展决策提供重要参考。

3. 项目管理

项目管理中，往往需要对项目的成本进行有效控制和管理，确保项目能够按时、按计划完成。作业成本管理会计可以帮助企业对项目成本进行精确核算，将成本分配到各个项目活动中，以便监控成本的使用情况，并在项目执行过程中及时调整预算。通过作业成本管理会计，企业能够更好地管理项目的成本，提高项目管理的效率和成功率。

4. 质量管理和效益分析

作业成本管理会计可以帮助企业识别并分析生产过程中可能存在的质量问题，将质量成本与作业成本关联起来，从而更好地进行质量成本控制。同时，作业成本管理会计还能够通过成本效益分析，评估企业资源的使用效率和经济效益，协助企业优化资源配置，提高经济效益。

二、环境管理会计

（一）环境管理会计的定义与特点

环境管理会计的定义可从两个方面来考虑。首先，环境管理会计是一种管理工具，其主要目标是提供与环境有关的会计信息，以支持企业的环境保护决策和管理活动。其次，环境管理会计是一种环境责任的衡量和沟通工具，通过对企业环境成本和绩效的量化，帮助企业更好地认识和管理其对环境承担的责任。因此，环境管理会计在企业内部的环境管理过程中扮演着重要的角色。

环境管理会计具有以下四个特点。第一，环境管理会计强调对环境成本的识别和衡量。对环境成本的准确识别和衡量是环境管理会计的基础，它能够帮助企业更好地了解环境成本的组成和分布，为环境决策提供决策依据。第二，环境管理会计注重环境绩效的定量化。通过对环境绩效的量化，企业能够更好地评估和监控其环境责任的履行情况，从而为提高环境绩效提供指导。第三，环境管理会计强调企业与外部环境的互动。企业在环境管理过程中，不仅要关注内部的环境成本和绩效，还需要与外部环境进行交互和沟通，共同推动可持续发展。第四，环境管理会计强调信息的及时性和准确性。环境问题的性质与变化都较为复杂，因此环境管理会计需要能够及时获取准确的信息，以支持企业的环境决策和管理。

(二)环境管理会计的实施方法

1.环境成本核算的方法

环境成本核算是将企业的环境相关成本与其生产活动相联系，通过核算和分析这些成本，可以评估企业的环境绩效和效益。例如，企业可以计算污染防治费用、环境修复费用等与环境有关的成本，从而了解环境保护措施的投入与产出情况。这样，企业可以更加全面地了解环境管理的成本和效益，为环境保护的决策提供依据。

2.生命周期成本分析的方法

生命周期成本分析是一种综合性的方法，它考虑了产品或服务的全生命周期，从原材料采购、生产加工到产品使用和废弃阶段的成本。在实施环境管理会计时，企业可以通过对产品全生命周期成本的分析，确定产品生命周期中与环境相关的成本，并评估环境管理活动对这些成本的影响。例如，企业可以考虑产品设计中的环境因素，采用绿色生产技术和材料，以降低产品生命周期中的环境成本。

3.环境绩效指标的方法

环境绩效指标是用于度量和评估企业环境绩效和环境管理效果的指标。通过设定合适的环境绩效指标，企业可以对环境管理的效果进行监测和评估。例如，企业可以设定减少废水排放、减少能源消耗等环境目标，并通过监测和记录相关数据来评估环境管理的成效。这样，企业能够及时发现问题和制定改进措施，提高环境绩效和管理效果。

(三)环境管理会计的重要性

1. 提高企业的环境绩效

随着社会对环境问题的日益关注,企业的环境绩效已经成为评估其可持续发展能力的重要指标之一。通过环境管理会计,企业能够更好地识别、衡量和管理与环境相关的成本和效益。通过对环境资源的合理分配和利用,企业能够降低环境成本,提高资源效率,实现环境与经济的协同发展。

2. 推动企业的环境治理

企业作为社会的一员,应当承担起环境保护和治理的责任。通过实施环境管理会计,企业能够更好地跟踪和监控环境治理的效果和进展。通过对环境数据的收集、整理和分析,企业能够发现环境问题的根源,采取相应的环境改进措施,推动企业向可持续发展的方向迈进。

3. 提升企业的社会形象和品牌价值

随着消费者环保意识的不断提高,环境友好型企业日益受到青睐。通过加强环境管理会计工作,企业能够更好地展示其环境责任和可持续经营的理念,赢得消费者的认可和信任。同时,良好的环境形象和品牌价值也有助于吸引投资者和合作伙伴的关注,为企业的持续发展提供有力支持。

4. 有助于企业的合规风险管理

随着环境法规的不断加强和监管的日益严格,企业需要合规地履行环境责任,避免环境违法行为所带来的法律风险和声誉损失。通过建立和实施环境管理会计,企业能够更好地了解自身在环境合规方面的表现,及时发现和纠正违规行为,并制定相应的管理措施,有效降低合规风险。

三、行为管理会计

(一)行为管理会计的概念与原理

在当今竞争激烈的商业环境下,企业需要关注和管理员工的行为,以提高组织绩效和竞争力。行为管理会计作为一种管理工具，旨在通过定量和定性分析员工的行为，为企业提供决策支持和管理参考。

行为管理会计的概念包括两个关键方面。其一，行为管理会计关注的是员工行为带来的经济效益。与传统的财务会计不同，行为管理会计强调员工行为对企业业绩产生的直接和间接的影响。其二，行为管理会计强调以行为为中心，将员工行为作为管理的核心要素。它关注员工在工作中的决策、动机、反应和交互，并将其与企业绩效和目标相结合。

行为管理会计的原理可以归纳为四个方面。第一，行为管理会计强调行为和绩效之间的关联性。行为管理会计认为员工的行为和绩效之间存在着密切的关系，通过分析和评估员工的行为，能够更好地预测和改善组织的绩效。第二，行为管理会计注重以目标为导向的激励机制。通过制定明确的目标并提供相应的激励措施，可以有效地激发员工的积极行为。第三，行为管理会计强调信息的透明度和沟通的重要性。为了推动员工的行为改变，组织需要提供准确、及时和清晰的信息，并建立良好的沟通渠道。第四，行为管理会计认为员工行为是一个复杂的系统，需要考虑和平衡多个因素的影响。这些因素包括个体特征、组织环境、激励机制、沟通和反馈等。

（二）行为管理会计的关键步骤

1. 明确制定目标和绩效指标

管理者应该与团队成员合作，确立明确的目标和预期的绩效指标。这些目标和指标应该与企业的战略目标相一致，同时要考虑到员工和部门的具体情况。通过明确的目标和绩效指标，能够为后续的行为管理提供基础。

2. 收集和记录数据

数据的收集可以通过观察、调查问卷、员工自述和计算机系统等途径进行。这些数据应该包括员工的行为、动机、态度和行为结果等方面的信息。数据的记录需要专门的信息系统支持，以确保数据的准确性和可追踪性。

3. 对数据进行分析和解读

通过对收集的数据进行统计分析和数据挖掘，可以揭示员工行为的规律和趋势。例如，可以探索员工的工作习惯、团队合作能力和个人动机等方面的特点。

在数据分析的基础上，对员工行为进行解读，发现问题和优点，并为管理者提供决策支持。

4.采取相应的措施引导员工的行为

基于对数据的分析和解读，管理者可以制定有针对性的激励和奖励措施，以促使员工产生积极的行为。同时，也可以通过培训和反馈机制，帮助员工改进和优化自己的行为。这些措施可以激发员工的工作动力，提高整体绩效。

(三)行为管理会计的实践应用

行为管理会计作为一种管理会计类型，在企业的实践中起着重要的作用。它致力于了解和解释人们在组织内进行决策和行为时所受到的影响，从而为企业提供管理决策的依据和指导。行为管理会计的概念与原理是行为经济学和管理会计学的有机结合，通过对个体和团队的行为进行观察和分析，揭示出不同因素对决策和绩效的影响。

在实践中，行为管理会计可以帮助企业分析和评估员工的绩效情况。通过对员工的行为进行观察和记录，结合定量和定性指标，可以对员工的工作表现进行全面评估。这有助于发现绩效的优劣之处，并为提高员工的工作效率和绩效提供依据。

在实践中，行为管理会计可以用于激励和奖励措施的设计与实施。通过对员工的需求和动机进行调查和分析，可以针对不同的员工需求制定相应的激励和奖励措施，以激发他们的工作动力和积极性。例如，对于追求自主性和创造性的员工，可以给予更多的自由度和创新空间，以激发他们的创造力和个人能力。

在实践中，行为管理会计还可以用于组织的决策制定过程中。通过对管理者和员工的行为进行记录和分析，可以发现管理决策中存在的问题与隐患，并提出相应的改进建议。同时，行为管理会计可以为决策提供数据支持，通过收集和分析员工的行为数据，帮助管理者更准确地预测和评估决策的风险和效果。

(四)行为管理会计的影响因素

1.组织文化

组织文化是指一种共享的、内化的、稳定的组织价值观、信念和行为规范。不同组织文化对员工激励和行为的导向方式存在差异，从而对行为管理会计的应用产生影响。例如，一个以奖励为导向的组织文化可能更加注重绩效评估和激励措施的设计，在行为管理会计中更加强调绩效的衡量和激励的有效性。

2.领导风格

领导风格包括权威型、民主型、激励型等不同类型。不同的领导风格对员工行为的激励方式和评估方法存在显著差异，从而影响到行为管理会计的实践效果。例如，一个民主型的领导者可能更加注重员工参与决策的过程，而一个权威型的领导者可能更加强调员工绩效的达成和结果。

3.组织结构和管理体系

组织结构和管理体系包括组织层级、权责清晰度、沟通机制等。不同的组织结构和管理体系对员工行为的监管和控制方式存在差异，从而影响到行为管理会计的实践效果。例如，一个具有分权和激励机制的组织结构可能更加注重员工自主的决策和行为，而一个集中式的管理体系可能更加强调员工的执行和执行的结果。

4.外部环境

外部环境包括行业竞争、经济状况、法律法规等方面的因素。不同的外部环境对企业的管理目标和激励机制存在差异，从而对行为管理会计产生影响。例如，在竞争激烈的行业中，企业可能更加注重员工绩效的奖励，以促使员工更好地为企业创造价值。

四、运营流程管理会计与激励和报酬管理会计

（一）运营流程管理会计的定义与实施

运营流程管理会计是一种重要的管理会计类型，它关注企业运营过程中的成本、效益和质量等方面的管理。该会计类型旨在通过对企业的运营流程进行全面的度量、分析和控制，以提高运营效率和降低成本。

在定义上，运营流程管理会计不仅仅是对运营流程的会计核算和报告，更是一种综合管理方法。它涉及运营流程的规划、设计、实施、监控和评估等方面。通

过运营流程管理会计,企业可以更好地了解和掌握自身的运营流程,识别出存在的问题和“瓶颈”,从而进行改进和优化。

运营流程管理会计的实施需要借助一系列的工具和技术。其中,流程成本核算是其中的关键环节。通过对运营流程中的各项活动和资源的成本进行准确地测算和分析,企业可以有效地评估其运营活动的经济性和效益性。此外,还可以运用流程分析工具,如价值链分析、活动基准成本管理等,来帮助企业识别出价值创造的关键活动和资源,并加以重视和优化。

除了成本方面,运营流程管理会计还注重对运营过程中的质量、效益和可持续发展等因素的管理。通过建立一套完整的指标体系,企业可以对各项指标进行跟踪和分析,及时发现和解决问题,优化运营流程,提高运营绩效。

在实施运营流程管理会计时,企业需要清晰地明确目标和指标,并制定相应的管理措施和政策。此外,还需要加强内外部的沟通和协作,确保各个环节的顺畅进行。同时,企业还需要培养一支具备运营流程管理会计专业知识和技能的团队,以便更好地支持和推动该会计类型的实施。

(二)激励与报酬管理会计的理论与实践

激励与报酬管理会计旨在通过设立适当的激励机制和合理的报酬体系来提高员工的工作动力和业绩贡献,从而实现企业的战略目标。在实践中,激励与报酬管理会计需要借鉴和运用多种理论方法,以确保其有效性和可持续性。

在激励与报酬管理会计的理论方面,有许多经典的理论模型可供参考,如代理理论、激励理论和公平理论等。这些理论模型提供了分析和解决员工激励和报酬管理问题的框架。以代理理论为例,它认为员工与雇主之间存在着利益冲突,激励与报酬管理会计需要通过建立适当的契约和监督机制来解决这一问题。

在实践中,激励与报酬管理会计需要关注以下四个方面:目标设定、绩效评估、报酬设计和激励措施。在目标设定方面,企业需要传达明确的目标,使员工能够理解和追求这些目标。绩效评估是激励与报酬管理会计的核心环节,企业可以通过设立合理的绩效评估指标和评估方法,对员工的工作表现进行客观的评估和量化分析。基于绩效评估结果,企业可以设计适当的报酬体系,包括固定薪酬、绩效奖金、股权激励等。激励措施的制定需要考虑员工的个体差异和激励需求,如提供培训机会、晋升机会、灵活安排工作等。

激励与报酬管理会计需要与运营流程管理会计相结合,以实现整体的绩效管理和激励体系。运营流程管理会计通过对企业运营流程的分析和优化,提升企业的效率和质量，为激励与报酬管理提供了有力的支持。例如，通过运营流程管理会计对流程中的非价值增加活动进行识别并消除，可以提高员工的工作效率和贡献，从而为激励与报酬管理提供更为精确的信号和依据。

第三节 企业管理会计的分析方法

一、趋势分析法

(一)趋势分析法的基本原理

趋势分析法是通过对财务数据的历史变化趋势进行研究，以揭示企业未来的发展方向和潜在的问题。这种方法基于以下四个基本原理：

第一，趋势分析法认为历史数据具有一定的预测能力。即通过对过去几期财务数据进行分析，可以发现某种趋势或规律，从而预测企业未来的发展趋势。这是因为企业的财务数据受到内外多种因素的影响，而这些因素通常具有一定的连续性和稳定性，因此过去的财务数据可以为未来提供一定的参考依据。

第二，趋势分析法注重长期趋势的分析。长期趋势反映了企业的发展方向和现阶段与预期之间的差距，有助于发现问题和调整战略。通过长期趋势的分析，可以评估企业的经营情况和竞争优势，并为管理层制定决策提供依据。

第三，趋势分析法强调对趋势的判断和解释。仅仅观察和描述趋势是不够的，还需要对趋势进行判断和解释。例如，如果发现某项财务指标呈现上升趋势，就需要进一步分析其原因和影响因素，确定这一趋势是否持续和持续的原因。

第四，趋势分析法适用于各个层次的管理决策。无论是战略决策、业务决策还是日常经营决策，趋势分析法都可以提供有价值的信息。因为趋势分析法旨在揭示财务数据中的变化趋势，而这些数据对于各个层次的管理决策都具有重要的参考价值。

在企业管理会计中，趋势分析法能够帮助管理层把握企业的现状和未来走向，发现问题和隐患，并制定相应的应对措施。然而，趋势分析法也存在一定的局限性，如仅仅基于历史数据进行预测可能会忽视外部环境的变化和其他因素的影响。此外，趋势分析法也要求对财务数据有较强的理解和分析能力，对管理层的要求较高。

(二)趋势分析法在企业管理会计中的实施步骤

第一步,确定分析的时间范围和对象,即确定需要进行趋势分析的时间段以及需要分析的具体项目或指标。例如,可以选择过去三年的销售额、利润率等指标作为分析对象。

第二步,收集和整理相关数据。为了进行趋势分析,需要收集和整理与所选指标相关的历史数据。这些数据可以从企业内部的会计报表、财务报告中获取,也可以从相关市场研究、行业报告等外部信息渠道获得。收集到的数据需要进行整理和归档,以便后续的分析。

第三步,进行趋势分析的计算和绘图。基于收集到的数据,可以通过计算得到各个时间点的具体数值,并将这些数据进行图表展示,以便更直观地观察趋势的变化。常用的图表形式有折线图、面积图等,可以选择适合的图表形式来展示数据的变化情况。

第四步,对趋势进行分析和解读。在计算和绘图的基础上,需要对趋势的变化进行分析和解读。例如,对销售额的趋势进行分析可能会发现逐年增长或者不断下滑的情况,这可能与市场环境、竞争状况等因素有关。通过对趋势进行分析和解读,可以帮助企业了解其财务状况和经营情况的发展趋势。

第五步,根据分析结果进行决策和改进。趋势分析的目的不仅仅是观察趋势的变化,更重要的是能够根据分析结果进行决策和改进。根据趋势分析的结果,企业可以根据需要制订合理的经营计划、调整策略,以应对市场的变化和挑战。

(三)趋势分析法的优点及局限性

趋势分析法为企业提供了一种有效的手段来分析和预测经营数据的变化趋势。趋势分析法有以下三个优点。

第一,趋势分析法能够帮助企业更好地了解经营活动的发展趋势。通过对过去一段时间的数据进行分析,人们可以发现经营数据的变化规律,进而预测其未来的发展趋势。这对企业进行决策和规划具有重要的参考价值。

第二,趋势分析法能够帮助企业发现问题和隐患。通过对数据的分析,可以发现一些不利于企业发展的趋势,如销售额逐年下滑、成本逐渐增加等。这些问题和隐患的发现对企业及时采取措施进行调整和改进至关重要,可以避免进一步的经营风险。

第三，趋势分析法可以帮助企业制定合理的经营目标和计划。通过对数据的分析和预测，可以确定未来一段时间的经营目标，以及实现这些目标所需的具体计划。这样，企业就能更加有针对性地进行经营管理，提高经营效率和竞争力。

同时，趋势分析法也存在一些局限性。一方面，它对数据的选择和分析有较高的要求。如果选择的数据范围不合适或者分析方法不准确，那么得出的结论可能会有较大的偏差，进而影响到决策的准确性。另一方面，趋势分析法在预测未来的发展趋势时，无法考虑到所有可能的影响因素。因为企业发展受到内外部众多因素的影响，有些因素可能不易量化或存在一定的不确定性，因此在通过趋势分析法进行预测时，需要谨慎处理这些因素的影响。

二、结构分析法

（一）结构分析法的基本理论

结构分析法是通过对企业利润、资产和负债等各个结构要素的比较和分析，揭示企业内部各项指标之间的关联和变化趋势，从而为企业管理决策提供基础和参考依据。

首先，结构分析法强调对企业财务状况和经营业绩的结构进行分析。其中包括对企业资产结构的分析，如划分为固定资产、流动资产、非流动资产等以及对负债结构的分析，如划分为长期负债、短期负债等。通过这样的结构分析，能够了解企业财务状况的组成和变动情况，以及不同部分之间的关系和比例。

其次，结构分析法注重对企业利润结构的分析。其中包括对利润的来源和构成进行细致的分析，如划分为销售收入、成本、费用等。通过对利润结构的分析，可以了解企业经营业绩的组成和变动情况，发现利润的增长点和问题所在。

再次，结构分析法是倡导相互对比的分析方法。即将企业的财务数据与行业平均水平、历史数据、竞争对手等进行对比分析。通过与外部数据的对比，可以发现企业在结构上的特点和优劣势，从而有针对性地进行管理决策。

最后，结构分析法强调成本性态的分析。这包括对企业成本的结构和性质进行分析，如划分为固定成本、可变成本、直接成本、间接成本等。通过对成本性态的分析，可以了解企业的成本构成和变化趋势，进而为成本的控制和优化提供依据。

(二)结构分析法在企业管理会计中的操作过程

1.进行指标的选择和分类

在使用结构分析法进行企业管理会计分析时,首先需要根据具体的研究目的和企业特点,选择相应的指标进行分析。指标的选择应该与研究对象密切相关,并能够反映企业的经营状况和业务结构。在选择指标的过程中,可以根据性质、功能、来源等进行分类,以便更好地进行后续的比较和分析。

2.进行指标的比较和分析

一旦确定了需要分析的指标,就可以开始进行指标之间的比较和分析。比较的方式可以有多种,如使用绝对数、相对数或者百分比等,具体的方法要根据实际情况来决定。通过对指标之间的比较和分析,能够了解企业各项指标的相对优势和劣势,找出问题所在,并为进一步的决策提供依据。

3.进行横向和纵向的比较

结构分析法可以进行横向和纵向的比较,以便全面地了解企业的运营情况和业务结构。横向比较是指对同一指标在不同时间点或者相同时间点的不同对象之间进行比较,如对不同年度的销售额进行比较;纵向比较是指对不同指标在同一时间点进行比较,如对不同部门的成本构成进行比较。通过横向和纵向的比较,可以深入分析企业在不同时间段或者不同维度上的变化情况。

4.根据分析结果进行评价和建议

分析完毕后,需要根据分析结果对企业的运营情况和业务结构进行评价,并提出相应的建议。评价和建议应该与企业的实际情况相符合,能够为企业的决策和管理提供有价值的信息。评价和建议可以从指标的绝对水平、相对关系、趋势变化等方面进行,以便更好地指导企业的发展方向。

(三)结构分析法的优点和不足

1.优点

结构分析法能够帮助企业了解和分析财务状况和运营情况的结构性特征。

通过对企业各项财务指标的结构进行分解和分析，可以清晰地反映企业在不同方面的运营状况，有助于决策者快速把握企业的经营现状。

结构分析法的应用可以帮助企业发现潜在的问题和风险。通过对企业财务状况和运营结构的分析，可以发现可能存在的财务风险和经营隐患。例如，通过分析财务结构中的比例变化，可以判断企业是否存在过度债务和资金不足等问题，及时采取相应措施进行调整和改进。

结构分析法还可以提供有价值的指导和建议，助力企业进行战略决策。通过对企业财务指标的结构性分析，可以识别出业务结构、市场结构、产品结构的变化趋势，为企业制定合理的发展战略提供依据。例如，结构分析法可以帮助企业发现市场需求结构的变化，及时调整产品或服务的结构，以适应市场的需求变化，提高企业的竞争力。

2.不足

结构分析法的结果往往只是定性地描述公司的财务状况和运营情况，对于具体数值的解释和评估相对较少。因此，对于需要进一步量化分析和评估的问题，结构分析法可能无法满足其需求。结构分析法不能充分考虑财务指标之间的相互影响和复杂关系，容易导致分析结果具有片面性和误导性。为了更全面地了解企业的财务状况和运营情况，还需要结合其他分析方法进行综合分析。

三、相互对比法和成本性态分析法

(一)相互对比法的基本概念及操作方法

相互对比法通过比较不同期间或不同企业之间的财务数据，以揭示业务发展的趋势和变化。相互对比法可以帮助企业深入了解财务状况、经营成果和效益，并为决策提供参考。

在运用相互对比法进行分析时，首先需要明确对比的对象和要比较的指标。常见的对比对象可以是企业不同年度之间的财务数据，也可以是企业与同行业其他企业之间的财务数据。而要比较的指标可以是企业的营业收入、销售成本、利润等。

操作方法上，相互对比法通常可以采取以下三个步骤。首先，收集和整理相关的财务数据，包括企业不同期间的财务报表以及同行业其他企业的财务数据。

其次，进行数据的横向和纵向对比。横向对比是指将企业同一期间的财务数据进行比较，以观察业务发展的趋势和变化；纵向对比是指将企业不同期间的财务数据进行比较，以了解业务的持续性和发展潜力。最后，根据对比的结果进行分析和解读，寻找数据背后的原因和影响因素，并提出相应的管理建议和改进措施。

（二）成本性态分析法的理论基础和实施过程

成本性态分析法的理论基础是基于成本的经济学原理和管理会计理论。在成本的经济学原理中，成本被视为一个重要的经济指标，它反映了资源使用的代价，并且影响着企业的生产和经营决策。管理会计理论则强调对成本的管理和控制，在实践中提供了各种成本计算和分析的方法。成本性态分析法就是在这些理论基础上发展起来的。

成本性态分析法的实施过程包括以下三个步骤。一是对不同成本项目的分类和归集，将企业的成本划分为直接成本和间接成本，再进一步分成可变成本和固定成本。这样可以将成本进行细化和分类，为后续的分析提供基础。二是对每个成本项目进行性态分析，即将其按照性质和变动程度进行分类。例如，按照成本行为的特点，将成本分为可控成本和不可控成本；按照业务活动的变化，将成本分为扩展性成本和压缩性成本。这样可以了解不同性态的成本对企业经营的影响程度。三是进行成本性态的对比分析，通过不同性态成本之间的对比，分析其变动趋势和变动原因。例如，对比可变成本和固定成本的比例变化，可以判断企业在成本管理和控制方面的效果。

成本性态分析法的优势在于能够揭示企业成本变动的规律和特点，帮助企业管理者更好地了解和掌握成本结构，从而优化经营决策。然而，成本性态分析法也存在一些局限：首先，它缺乏对成本变动的具体原因的解释和分析，只是提供了一个总的趋势和特点；其次，成本性态分析法对企业的类型有一定的限制，对于处于发展初期或者规模较小的企业可能不太适用。

第四章　企业会计信息系统建设

第一节　企业会计信息系统的基本概念

一、企业会计信息系统的特点

(一)实时性

实时性指的是会计信息在产生和处理的过程中能够以几乎不延迟的方式进行。在传统的手工会计系统中,信息的记录和处理往往需要较长的时间和大量的人力资源,因此信息的及时性无法得到保证。然而,企业会计信息系统的出现改变了这种状况。

企业会计信息系统通过自动化的数据采集和处理功能,实现了信息的实时性。与传统的手工记录相比,企业会计信息系统能够自动地从不同的业务系统中获取数据,并几乎同时进行处理和分析。这样,会计人员可以准确地了解企业的财务状况和经营情况,及时作出决策。

企业会计信息系统通过在线交互的方式,实现了信息的即时传递。会计人员可以通过系统与其他部门进行快速的沟通和协作,及时获取和分享重要的财务信息。同时,企业会计信息系统还能够与外部环境进行实时的数据交换,如与银行、税务部门等进行在线的数据传输和对接。这种即时性的交互能够提高信息的准确性和可靠性,同时加快了会计工作的进程。

企业会计信息系统的实时性还表现在即时生成的报表和分析结果。在传统的手工会计系统中,生成报表需要花费大量的时间和精力,而且容易出现错误。而企业会计信息系统能够根据预设的规则和公式,自动地生成各种报表和财务分析结果。这些报表和分析结果可以随时被会计人员查阅和分析,以支持管理者对企业的决策和控制。

(二)高效性

高效性体现了系统在处理大量会计数据和实现各项功能时的快速和高效的

能力。企业会计信息系统的高效性主要表现在以下四个方面。

1.数据的录入和处理过程

企业会计信息系统通过采用现代化的技术手段，如扫描仪、数据采集设备等，实现了数据的自动录入和处理。相比于传统的手工录入方式，这种自动化的数据录入方式大大提高了数据的录入效率。系统通过优化数据的存储结构和采用高度优化的数据库管理系统，能够快速地处理大量的会计数据，减少了数据处理的时间和工作量。

2.会计信息的查询和分析过程

企业会计信息系统提供了强大的查询和报表生成功能，能够根据用户的需要，快速地生成各类会计报表和财务分析报告。用户只需要进行简单的操作，选择相应的查询条件和报表格式，系统就能够快速地提供准确的报表结果。这种高效的查询和报表生成功能，大大提高了会计信息的获取速度和利用效率，帮助企业管理层进行准确的决策。

3.系统的响应速度和稳定性

企业会计信息系统采用先进的技术和软件架构，具备强大的计算和处理能力。系统能够在高并发的用户访问情况下，仍能保持良好的响应速度和稳定性。这对于企业来说非常重要，特别是在重要的财务报告和会计处理期间，系统能够稳定地运行，不会因为用户量增加导致系统崩溃或响应缓慢，保证了会计日常工作的顺利进行。

4.系统的数据交互和集成能力

现代的企业会计信息系统通常需要与其他管理信息系统进行数据交互和集成。高效的数据交互和集成能力能够实现不同系统之间的数据共享和信息流通，提高了企业的信息整合和资源利用效率。例如，企业会计信息系统可以与采购管理系统、生产管理系统等进行数据交互，实现采购和生产成本的自动计算和分摊，减少了企业管理层的工作量和数据错误率。

（三）完整性

企业会计信息系统的完整性是指系统能够准确、全面地记录和保持各项会计交易和经济活动的信息。在企业运营过程中,各种会计交易和商业活动不断发生,为了能够准确反映企业的财务状况和经营成果,会计信息系统必须确保完整性的实现。

完整性的实现要求企业会计信息系统具备良好的数据录入机制。系统应该设定相应的规则和要求,引导操作人员按照规范的流程进行数据录入,确保所有的会计交易都能够被记录下来。系统也应该进行数据的验证和审查,确保录入数据的准确性和合法性。

完整性的实现要依赖系统的数据处理能力。会计信息系统应该能够对录入的数据进行合理地分类、划分和存储,确保各项会计交易都能够被正确地处理和计算。系统还需要具备强大的数据检索和查询功能,使相关的数据能够被迅速地找到、提取和分析,从而满足企业的管理和决策需求。

完整性的实现需要系统具备良好的数据传输和交换能力。在企业内部,不同部门之间的信息交流和数据传递是必不可少的。因此,会计信息系统应该能够实现不同系统之间的数据互联互通,确保信息的准确传递和共享。在与外部合作伙伴进行业务往来时,系统也要具备与外部系统进行数据交换的能力,确保跨系统数据的一致性和完整性。

完整性的实现还要依赖对系统安全性的保障。只有确保系统的安全性,才能最大限度地避免数据的丢失、篡改和泄露,确保会计信息的完整性和可靠性。因此,企业会计信息系统应该采取多种安全措施,如访问控制、数据加密、备份和恢复等,保障系统和数据的安全。

(四)安全性

企业会计信息系统的安全性体现在系统的数据保护上。企业会计数据是公司的核心资源之一,其中包含着大量的财务、经营和管理信息。因此,保障数据的完整性和保密性是企业会计信息系统安全性的重要方面。为了保护数据的完整性,系统应该设置严格的访问权限,只有经过授权的用户才能进行相关操作。系统还应该采用加密技术对敏感数据进行保护,防止未经授权的用户篡改或窃取数据。

企业会计信息系统的安全性体现在网络安全方面。随着企业会计信息系统的网络化和云化趋势,网络安全的威胁日益增多。为了确保系统的网络安全,企业需要采用防火墙、入侵检测系统等技术手段,防止黑客入侵和恶意攻击。企业还应该及时更新系统的安全补丁,修复已知的漏洞,以阻止潜在的安全威胁。

企业会计信息系统的安全性涉及数据备份和灾难恢复。在面临自然灾害、硬件故障或人为错误等意外事件时，企业需要能够快速恢复系统并恢复数据，以减少业务中断和数据丢失的风险。因此，企业应该建立定期备份机制，并将备份数据存储在安全的离线介质中。

企业会计信息系统的安全性需要提高员工的安全意识和对员工进行相应的培训。人为因素是信息安全问题的重要原因之一。企业应该加强员工的安全意识教育，告诉他们如何处理敏感信息和遵循安全操作规程。此外，要定期开展安全培训和演练，提高员工对安全威胁的识别和应对能力。

二、企业会计信息系统的功能

（一）财务报表自动化

财务报表自动化是通过应用计算机技术和信息系统，实现财务数据的自动化处理和报告生成。具体而言，财务报表自动化主要包括数据录入、数据处理、数据分析和报告生成等环节。

财务报表自动化通过数据录入环节的自动化，实现了财务数据的快速、准确地录入。传统的手工录入方式存在着时间成本高、易出错等问题，而财务报表自动化可以通过接口或数据导入功能，将各个业务系统的数据自动导入会计信息系统，大大提高了数据录入的效率和准确性。

财务报表自动化使数据处理环节更加高效。传统的手工处理方式需要耗费大量的时间和人力，而财务报表自动化通过内置的逻辑规则和算法，能够自动进行数据的计算、汇总、分类等操作，大幅度减少了人工处理的工作量。

在数据分析方面，财务报表自动化为企业提供了更加全面和准确的数据分析能力。通过设定不同的指标和报表模板，可以对财务数据进行深入的分析和对比。同时，财务报表自动化还可以通过数据可视化的方式展示数据，提供了更加直观和易于理解的数据分析结果，帮助企业更好地进行决策。

财务报表自动化在报告生成方面具有突出的优势。传统的手工制作报表需要耗费大量的时间和精力，并且存在着容易出现错误的问题。而财务报表自动化通过预设的报表模板和规则，可以实现报表的自动生成和格式化，大大减少了报表制作的工作量和降低了报表的错误率。

(二)会计事务处理

通过企业会计信息系统,企业能够实现各种会计事务的自动化处理和管理。具体而言,会计事务处理包括了诸多方面,如日常的账务记录、凭证的生成与管理、科目的调整和平衡等。

1. 企业会计信息系统能够实现日常的账务记录

当企业发生各种经济业务时,系统能够自动地生成相应的会计分录,并将其记录在会计账簿中。这样一来,企业就能够实时地了解到自己财务状况的变化情况,方便进行日常的会计核算工作。

2. 企业会计信息系统能够自动生成凭证,并对其进行有效的管理

在传统的手工会计中,往往需要耗费大量的时间和人力才能生成凭证,并且容易出现错误。而通过企业会计信息系统,企业只需要输入相应的业务数据,系统就会自动地根据企业的会计政策和规定生成凭证。系统还能对这些凭证进行有效的管理,方便后续的会计审核和稽核工作。

3. 企业会计信息系统能够实现科目的调整和平衡

当企业需要进行会计核算期末调整时,系统能够自动地对相应科目进行调整,并生成相应的调整凭证。这样一来,企业就能够更加准确地反映自己的财务状况,确保财务数据的真实性和可靠性。系统还能对科目余额自动地进行平衡和核对,帮助企业及时发现和纠正财务错误,提高财务信息的准确性。

(三)决策支持

决策支持是指企业在制定战略决策、经营决策和管理决策时,依据会计信息系统所提供的数据、报表和分析结果,进行科学、合理的决策过程。企业会计信息系统的决策支持功能主要表现在以下四个方面。

企业会计信息系统能够提供全面、准确、及时的财务数据和报表,为决策者提供决策所需的基础信息。通过自动化的财务报表生成功能,会计信息系统能够根据企业的实际财务数据,快速生成各类财务报表,如资产负债表、利润表和现金流

量表等。这些财务报表能够直观地反映企业的财务状况和经营成果，为决策者提供重要的决策参考依据。

企业会计信息系统能够进行财务分析和业绩评价，从而帮助决策者评估企业的经营状况。通过会计信息系统的财务分析功能，决策者可以对企业的财务指标进行分析，如利润率、盈利能力和偿债能力等。根据这些数据的分析结果，决策者可以更好地了解企业的盈利情况、风险状况以及偿债能力，进而作出相应的决策。

企业会计信息系统可以提供决策模型和预测分析功能，帮助决策者进行业务决策和投资决策。决策模型是指运用特定的数学方法和模型，对不同的业务情况进行模拟和分析，以帮助决策者制订最优的决策方案。例如，企业会计信息系统可以通过建立财务预测模型，对不同的经营策略和市场情况进行模拟，从而帮助决策者预测未来的财务状况和经营效益，为决策提供参考和依据。

企业会计信息系统还可以帮助决策者进行风险管理和内部控制。通过内部审计模块，会计信息系统可以对企业进行内部控制的评估和审计，发现潜在的风险和问题，并提出相应的改进意见和措施。这些措施能够保障企业决策过程的可靠性和合规性，提高决策的有效性和可持续性。

（四）内部审计

内部审计的主要功能是通过对企业内部各个环节的审计活动，评估和改善企业的内部控制体系，提供有效的风险管理和监督机制。

内部审计致力于评估和改善企业的内部控制体系。内部控制是保障企业资产安全、推进财务活动规范化的重要手段；内部审计则通过全面、系统地对企业各个环节的业务流程、风险点以及内部控制措施进行审计，识别和纠正可能存在的问题和风险，提高内部控制体系的有效性。

内部审计作为企业会计信息系统的一部分，可以通过企业财务数据的审计活动，提供可靠的财务信息和报告。内部审计员会对企业的财务报表进行审核和核实，确保其准确性、完整性和及时性。通过加强对财务数据的审计监督，内部审计能够为企业提供有可信度的财务信息，为决策者提供准确的数据支持。

内部审计还发挥着决策支持的重要角色。通过企业财务数据的审计活动，内部审计员可以提供决策者所需的各种财务分析报告和指标，为决策者提供更为客观、准确的决策依据。内部审计能够帮助企业管理层及时发现和解决经营过程中的问题和风险，为企业的决策过程提供可靠的参考和支持。

三、企业会计信息系统的主要模块

(一)应收账款模块

应收账款模块的作用是管理和跟踪企业与客户之间的应收账款。该模块的主要功能是记录和追踪客户的付款情况，以确保企业能够及时收回款项并保持良好的财务状况。

在企业会计信息系统中，应收账款模块通常包括以下五个子模块：客户信息管理、销售订单管理、发货管理、收款管理和应收账款分析。

客户信息管理模块用于记录和管理企业与客户之间的关系。通过该模块，企业可以维护客户的基本信息，包括客户的名称、联系方式、信用额度等。这些信息将作为后续销售和收款过程的基础数据。

销售订单管理模块用于记录和处理客户的销售订单。在该模块中，企业可以创建和管理销售订单，包括订单的编号、内容、数量、价格等。通过销售订单管理模块，企业能够实时跟踪订单的状态并生成相应的发货和收款计划。

发货管理模块用于管理和跟踪销售订单的发货过程。在该模块中，企业可以记录发货日期、发货数量、发货地址等相关信息，并生成相应的发货单。通过发货管理模块，企业可以及时了解订单的发货情况，确保产品按时送达客户手中。

收款管理模块用于处理客户的付款事宜。在该模块中，企业可以记录客户的付款方式、付款时间、付款金额等信息。通过收款管理模块，企业能够方便地进行应收账款的核对和管理，及时催款并跟踪未收款的情况。

应收账款分析模块用于分析和统计应收账款的情况。在该模块中，企业可以生成各类应收账款报表和分析图表，以便进行应收账款的分析和预测。通过应收账款分析模块，企业可以及时发现应收账款出现的异常情况，并采取相应的措施加以解决。

(二)应付账款模块

应付账款模块主要用于记录和管理企业应付账款的相关信息。应付账款是指企业向供应商购买商品或服务所欠下的债务，是企业的一项重要负债。应付账款模块的功能包括应付账款的记录、应付账款的查询、应付账款的付款管理等。另外，应付账款模块还能够与其他模块相互联系，共同作用。以下内容为其功能的简要阐述。

其一，应付账款模块能够方便地记录应付账款的相关信息。当企业从供应商处购买商品或服务时，应付账款模块可以记录下购买的时间、供应商的信息、购买的商品或服务的名称、数量和价格等。通过这些记录，企业可以清楚地了解自己与供应商之间的交易情况，有助于及时做好账务处理和管理。

其二，应付账款模块可以进行应付账款的查询。企业可以根据不同的查询条件，如供应商的名称、购买时间、购买金额等，快速地查询到需要的应付账款信息。这对企业管理者来说非常重要，可以帮助他们及时了解与供应商之间的欠款情况，作出相应的决策，如及时付款、延期付款或与供应商协商付款方式等。

其三，应付账款模块提供了应付账款的付款管理功能。当应付账款到期需要付款时，企业可以通过应付账款模块进行付款管理。模块可以记录付款的时间、付款的金额、付款方式等，确保付款的准确性和安全性。同时，模块还可以生成付款凭证或付款通知，方便企业与供应商之间的沟通和交流。

其四，应付账款模块还可以与其他模块进行集成，实现与采购模块、财务模块等的信息互通。例如，当采购模块采购商品或服务时，应付账款模块可以自动记录并生成相应的应付账款信息。这样，不仅能够减少重复工作，提高工作效率，还能够降低出错的风险，保证账款信息的准确性。

（三）薪酬和人力资源模块

薪酬和人力资源模块主要负责管理企业的薪酬发放以及人力资源的统一管理。在现代企业管理中，薪酬和人力资源是关系到企业发展和员工福利的重要方面，因此开发和运用具有较强功能的薪酬和人力资源模块对企业来说至关重要。

薪酬和人力资源模块功能是实现员工薪酬的管理和发放。它能够记录每位员工的薪资标准、工作时间、加班情况等重要信息，并根据这些信息自动计算员工的薪资，并将其准确地发放给员工。通过这个模块，企业可以避免人为差错导致的薪资错误和争议，并提高薪资发放的效率和准确性。

薪酬和人力资源模块能够进行员工绩效考核和奖励管理。它能够根据设定的绩效指标，对员工进行绩效考核，并据此测算出员工的绩效评分。它还能够根据员工的绩效评分，自动计算出员工应得的奖金，以及其他激励措施，如提升职级、晋升等。通过这个模块，企业能够更加公正地评估员工的工作表现，并激发员工的积极性和创造性。

薪酬和人力资源模块能够进行人力资源的统一管理。它可以记录员工的基本信息、入职时间、离职时间、职务变动等，并生成员工档案。通过这个模块，企业能够更方便地进行人事管理，包括人员招聘、员工培训、岗位调配等。该模块还可以提供人力资源统计和分析功能，帮助企业更好地了解人才结构和人力资源情况，为企业的人力资源管理决策提供支持。

薪酬和人力资源模块还能够与其他模块进行数据交互和信息共享。它可以与财务模块、采购模块、销售模块等其他模块进行信息的互通，确保各个模块之间数据的一致性和准确性，避免重复输入和不一致的情况发生。通过信息共享，企业能够更加高效地进行综合决策和资源管理。

(四)财务报表模块

财务报表模块主要负责生成和呈现企业的财务报表。财务报表是反映企业财务状况、经营成果和现金流量的重要工具，对企业内部管理决策、外部投资者决策以及监管机构监管具有重要的参考价值。因此，财务报表模块在企业会计信息系统中占据着重要的地位。

财务报表模块涵盖了企业的资产负债表、利润表、现金流量表等主要财务报表，以及附注、财务指标分析等辅助信息。通过财务报表模块，企业可以及时准确地生成这些财务报表，为内部管理提供决策依据，并向外部投资者、股东、债权人等提供真实可信的财务信息。

财务报表模块支持多种报表形式以满足不同需求。企业的财务状况和经营成果可能需要以不同的报表形式进行展示，针对不同的用户群体，财务报表模块可以生成标准格式的报表，也可以根据用户需求定制报表形式。通过灵活的报表生成功能，企业可以满足内外部不同利益相关者对财务信息的需求。

财务报表模块具备数据分析和报表解读的功能。除了生成财务报表，财务报表模块还提供了数据分析和报表解读的工具，以帮助企业更好地理解和利用财务信息。通过对财务数据的分析，企业能够发现经营状况、风险因素和商业机会，并作出相应的决策。

财务报表模块与其他模块之间存在密切的关联。财务报表所涉及的数据往往需要与其他模块的数据进行交互和整合，如与应收账款模块、应付账款模块等进行数据对接。通过与其他模块的数据关联，财务报表模块能够实现数据的一致性和准确性。

四、企业会计信息系统的架构

(一)硬件架构

企业会计信息系统的硬件架构是系统部署和运行的基础,是支撑系统高效运行的关键环节。硬件架构主要包括计算机设备、网络设备和存储设备。

1.计算机设备

计算机设备是企业会计信息系统的核心组成部分,它通常由一台或多台服务器以及各种终端设备组成。服务器作为中央处理单元,承担着处理数据、运行软件和提供服务的任务,而终端设备则用于用户的操作和访问。可以采用多台服务器组成集群,提高系统的性能和可靠性。为了适应不同的应用需求,还可以配置特定性能或功能的计算机设备,如高性能计算服务器、专用数据库服务器等。

2.网络设备

网络设备是实现企业会计信息系统内外部数据交换的基础设施,它包括路由器、交换机、防火墙等网络设备。路由器负责将数据包从源节点传递到目标节点,交换机用于数据交换和连接各个终端设备,防火墙则用来确保网络的安全性。企业会计信息系统通常采用局域网(LAN)或广域网(WAN)作为数据通信的基础网络,通过网络设备实现各个部门或分支机构之间的数据共享与传输。

3.存储设备

存储设备是企业会计信息系统的重要组成部分,用于存储系统所处理的数据和信息。存储设备通常包括硬盘阵列、磁带库等。硬盘阵列提供高性能的数据读写能力,可以实现数据的快速访问和高容量存储;磁带库用于数据备份和长期存储,提供数据的安全保障。

(二)软件架构

其一,企业会计信息系统的软件架构需要具备高度的可靠性和安全性。这是因为会计信息是企业重要的资产之一,它包含着企业的财务状况、经营情况等关键信息。因此,软件架构必须采取相应的措施,确保数据的机密性、完整性和可用性。例如,系统需要有严格的权限控制机制,只有授权人员才能够访问和修改会计数据。

其二,软件架构应具备高度的可扩展性和灵活性。企业会计信息系统随着企业规模的扩大和业务的发展,需要能够快速适应变化的需求。因此,软件架构应设计为模块化和可配置化的。模块化的设计可以将系统拆分成各个独立的功能模块,每个模块负责特定的任务,使得系统更易于维护和升级。可配置化的设计可以根据企业的需求进行灵活的配置和定制,以满足不同企业的会计信息管理需求。

其三,软件架构还应支持高效的数据处理。企业会计信息系统需要处理海量的数据,包括企业的业务数据和财务数据。因此,软件架构应该采用先进的数据库技术和数据处理算法,以提高数据的处理速度和准确性。此外,软件架构还应支持数据的实时更新和查询,以满足企业对即时数据的需求。

其四,软件架构还应具备良好的用户界面和易用性。企业会计信息系统的用户包括会计人员、财务人员等,在日常工作中需要频繁地使用系统进行数据录入、查询和分析。因此,软件架构应该关注用户体验,提供直观、简单和易于操作的界面,以降低用户的学习成本和提高工作效率。

(三)数据架构

数据架构负责管理和组织企业的关键数据资源。数据架构的设计直接影响着系统的性能、可靠性和安全性。下面将详细介绍企业会计信息系统的数据架构的特点和功能。

1.多层次的结构

企业会计信息系统通常由三层构成,包括数据库层、应用层和用户层。数据库层负责存储和管理企业的各类数据,应用层是数据的处理和计算的核心,用户层则提供给用户数据查询、报表生成等功能。这种多层次的结构使数据在各个层次之间能够流动和传递,并保证了系统的高效运行。

2.高度的灵活性和扩展性

企业会计信息系统需要能够适应不同企业的需求和变化,因此数据架构需要具备灵活的设计和扩展能力。通过采用标准化的数据模型和灵活的数据库设计,系统可以随着企业的发展和变化进行相应的调整和扩展,从而满足不同层次、不同类型数据的管理需求。

3.高度的安全性和保密性

会计信息系统中包含着企业的核心数据和敏感信息,因此数据架构需要采取一系列措施来保护数据的安全性。其中包括数据加密、访问权限控制、设置防火墙等技术手段,以及完善的数据备份和恢复机制。只有确保数据的安全和保密,企业才能放心地通过会计信息系统进行数据管理和分析。

4.能够与其他模块和系统进行无缝集成

企业会计信息系统通常需要与人力资源管理系统、客户关系管理系统等其他系统进行数据交互和共享。因此,数据架构需要具备良好的兼容性和接口设计,能够与其他系统无缝衔接,实现数据的互通。

(四)网络架构

企业会计信息系统的网络架构是指系统中各模块之间的数据传输和通信方式。网络架构的设计可以有效地支持和提升企业会计信息系统的运行效率和数据安全性。

在企业会计信息系统的网络架构中,常用的网络拓扑结构包括星形、总线形和环形。其中,星形拓扑是最常见的一种。在星形拓扑中,各个模块通过一个集线器或交换机与中央服务器相连接。这样的连接方式能够提供高效的数据传输速度,并且在故障发生时易于维护和排除问题。

对于企业会计信息系统中的远程办公、分布式数据存储和传输,网络架构必须支持虚拟专用网络(VPN)和防火墙技术。VPN 技术能够建立起安全可靠的远程连接,实现远程办公和数据共享。防火墙技术则能够保护企业会计信息系统免受未经授权的访问和网络攻击。

为了确保企业会计信息系统的可用性,网络架构还需要考虑异地容灾和备份技术。通过在不同地点建立备份服务器和存储设备,可以实现数据的实时备份和容灾切换,有效防止因不可预测的因素导致数据丢失和系统崩溃的问题。

企业会计信息系统的网络架构还需要考虑网络性能的优化。其中,关键是提高网络带宽速度和减少网络延迟,以满足大量数据传输和实时处理的需求。通过合理的网络设备选型、升级和优化,可以有效提升企业会计信息系统的运行速度和响应能力。

第二节　企业会计信息系统建设的技术基础

一、数据库技术

(一)数据库技术的基本原理

在会计信息系统中,数据库技术可以被理解为一个用于存储和管理数据的系统,它通过采用结构化的方式来组织和存储数据,方便用户进行数据的查询、分析和更新操作。

数据库技术的基本原理是建立在关系模型的基础上的。关系模型可以看作一种将数据组织为表格形式的方法,其中每个表格都有一个唯一的标识符(主键),并且表格之间可以通过建立关系进行连接。这种关系的建立使得数据之间的联系更加清晰,方便用户进行跨表格的查询和分析。

数据库技术涉及对数据的完整性和安全性的保障。数据的完整性是指数据的准确性和一致性,数据库技术通过定义数据的约束条件来保证数据的完整性。例如,可以定义某个字段的取值范围,以防止错误数据的录入。同时,数据库技术还提供了对数据的访问权限管理,确保只有授权用户才能对数据进行操作,提高了数据的安全性。

数据库技术还具有高效的数据操作和灵活的数据检索能力。在会计信息系统中,大量的数据需要被高效地插入、更新、删除和查询。数据库技术通过使用索引和优化查询语句等方式来提高数据的操作效率。同时,数据库技术还支持复杂的查询操作,如条件查询、连接查询和聚合查询等,能够满足用户对数据的各种需求。

(二)数据库技术在会计信息系统中的角色

数据库技术不仅可以存储和管理大量的会计数据,还能确保数据的安全性、完整性以及高效性。具体来说,数据库技术在会计信息系统中的角色可以从以下四个方面来进行阐述。

1. 提供可靠的数据存储和管理功能

在会计信息系统中,大量的会计数据需要得到有效的存储和管理。数据库技术通过使用表、字段、约束等数据结构和技术手段，确保数据的结构化存储，使得数据的索引、查询和更新等操作更加高效和准确。数据库技术还能够实现对数据的备份和恢复，保证数据的安全性和持久性。

2. 能够实现数据的共享和集成

在会计信息系统中，多个部门或用户可能需要同时访问和使用同一份会计数据。通过数据库技术，可以实现数据的共享与集成，避免了数据的冗余和不一致的情况发生。不同的部门或用户基于数据库系统建立各自的数据库实例，并通过数据接口、视图或者报表等方式进行数据的交流和共享。这样，不仅可以提高数据的一致性和准确性，还能够节约存储空间和提高数据的可用性。

3. 实现数据的权限管理和安全控制

在会计信息系统中，不同的用户可能具有不同的数据访问权限。通过数据库技术，可以为每个用户或者用户组分配不同的权限，并采取相应的安全控制措施，保护敏感数据的安全。例如，可以通过用户身份验证、访问控制列表（ACL）、加密等手段，确保只有获得授权的用户才能够访问和修改相关数据，从而防止数据泄露和滥用。

4. 实现数据的高效查询和分析

在会计信息系统中，经常需要对大量的数据进行查询和分析，以提供决策支持和业务分析。通过数据库技术，可以设计和优化数据库的查询语句和索引结构，提高数据的查询速度和准确性。同时，数据库技术还可以支持复杂的数据分析操作，如数据挖掘、统计分析、报表生成等，为会计人员提供更加全面和准确的数据分析结果。

（三）数据库技术在会计信息系统中的实际应用案例分析

1. 数据存储与管理

会计信息系统需要处理大量的数据，包括财务数据、统计数据、交易数据等。通过数据库技术，这些数据可以被高效地存储和管理。数据库系统确保了数据的可靠性、安全性和一致性等特性，并且能够保证会计信息的准确性和完整性。

2. 会计信息系统的查询和分析需求

会计信息系统需要根据业务需求实现多种查询和分析功能，如查找特定时间段内的交易记录、生成财务报表、分析财务指标等。通过数据库技术，可以利用SQL 语言进行复杂的数据查询和数据分析操作，提供灵活、高效的数据检索和分析能力。

3. 会计信息系统的数据共享与协作

在企业内部，不同部门、不同角色的员工需要共享和协同处理会计信息。数据库技术通过提供多用户访问和并发控制机制，实现了多用户的数据共享和协作。同时，数据库技术还可以支持外部合作伙伴与会计信息系统之间的数据交换与共享。

4. 会计信息系统的性能和扩展性

大型企业的会计信息系统需要处理大量的数据和用户请求，对于数据库的性能和扩展能力有较高的要求。数据库技术提供了高效的数据索引、查询优化、数据分区等功能，可以满足会计信息系统的性能需求，并且支持系统的横向和纵向扩展。

二、网络技术

(一)网络技术的基本原理

网络技术的基本原理是实现计算机之间的连接与通信，使各个计算机能够互相传输数据和信息。网络技术的应用不仅使会计信息系统更加高效和便捷，还提供了更加可靠和安全的数据传输保障。

网络技术基于分布式系统的思想，在会计信息系统中实现了多台计算机的互联和协作。通过建立计算机网络，可以将分散的会计信息系统连接起来，形成一个统一的整体。这种方式不仅使得数据的共享和交流更加方便，还提高了处理速度和效率。例如，财务部门可以与其他部门的会计系统进行实时数据同步，促进了信息的流通和共享。

网络技术在会计信息系统中扮演着数据传输和通信的重要角色。利用网络技术，会计人员可以轻松地将数据从一个地点传输到另一个地点。这种实时传输的特性使得会计信息系统信息沟通更加及时和准确。网络技术还提供了多种数据传输的方式，包括文本、图片、音频和视频等多媒体形式，满足了不同类型数据的传输需求。

网络技术在会计信息系统中通过提供安全保障来保护数据的完整性和机密性。网络技术可以采用加密、防火墙和访问控制等安全措施，确保数据在传输过程中不被恶意篡改或窃取。这对于会计信息系统来说尤为重要，因为会计数据涉及企业重要的财务信息和业务数据，需要保持高度的安全性。

（二）网络技术在会计信息系统中的角色

1.实现了信息的实时传输和高效共享

通过网络，各个部门和岗位之间可以实现快速的信息传递和交换，从而提高了信息的流动效率。不论是分布在不同地点的分支机构还是不同岗位的会计员，都可以通过网络将所需的信息传输到指定的收发地点。这种实时的数据交互和共享，使得会计信息系统可以及时获取相关数据，提高了会计信息的准确性和时效性。

2.为会计信息系统的安全性提供了保障

在当前大数据背景下，会计信息系统所涉及的数据量庞大且敏感性较高，特别是涉及财务数据、客户信息等重要数据。网络技术通过加密、设置防火墙等安全机制，保护了会计信息系统的数据传输和存储过程中的安全。网络技术还能够实现对会计信息系统的访问控制，设定不同用户的权限，保护会计信息的完整性和可靠性。

3.实现了异地办公和远程协作

随着企业规模的扩大和分布的扩展，不同部门和分支机构之间的协作问题成了一个挑战。网络技术通过虚拟局域网和云计算等技术手段，将不同地点的员工连接到一个虚拟的网络环境中，实现了异地办公和远程协作。这种网络结构的灵活性和高效性，使得会计信息系统可以实现在线审计、分布式财务决策等功能，提高了会计信息系统的应用价值和效率。

(三)网络技术在会计信息系统中的实际应用案例分析

在会计信息系统中,网络技术的应用日益重要。通过网络技术,不仅可以实现信息的快速传输和共享,还可以提供高效的数据管理和处理功能,从而为会计信息系统的运行和管理提供了便利。

1.实现远程访问和操作

通过建立网络连接,会计人员可以在不同地点的计算机上实时访问和操作会计信息系统。这使得跨地域的协作成为可能,提高了工作的效率和灵活性。例如,一个公司的分支机构可以通过网络连接到总部的会计信息系统,实时查看和录入财务数据,从而实现数据实时同步和快速反应的功能。

2.实现不同会计信息系统之间的数据交换和共享

在现代企业中,往往存在着多个不同的会计信息系统,如财务管理系统、成本管理系统等。通过网络技术,这些系统可以互联互通,实现数据的共享和交换。这样,不同部门之间的数据可以得到一致性和准确性的保证,避免了数据冗余和错误的发生。同时,基于共享的数据分析和决策也变得更加便捷和高效。

3.加强会计信息系统的安全性

随着信息技术的发展,网络安全问题越来越突出,对会计信息系统的安全性提出了更高的要求。通过网络技术,可以实现对会计信息系统的访问控制、身份认证和数据加密等安全机制的建立和实施。例如,采用虚拟专用网络(VPN)技术可以在公共网络上建立一个安全通道,保障会计信息系统中敏感数据的传输和存储的安全性。

三、云计算技术

(一)云计算技术的基本原理

云计算技术通过将计算资源、存储资源和应用程序等提供给用户,实现了按需获取和使用计算资源的能力。云计算的基本原理包括虚拟化技术、分布式计算和弹性扩展能力。

云计算利用虚拟化技术将物理资源抽象为虚拟资源，用户可以按需获取所需的计算资源。虚拟化技术将物理服务器划分为多个虚拟服务器，每个虚拟服务器可以被视为一个独立的计算资源，用户可以根据需要动态分配和释放这些虚拟服务器。

云计算采用分布式计算模式，将计算任务分割成多个子任务，并将这些子任务分发到多个计算节点上并行处理。这种分布式计算模式可以充分利用计算资源，提高计算效率。例如，在会计信息系统中，可以将大规模的数据处理任务分割成多个子任务，并通过云计算平台进行分布式处理，从而加快数据处理速度。

云计算具有弹性扩展的能力。弹性扩展是指在需要更多计算资源时，云计算可以动态地增加计算节点的数量，以满足用户的需求。与传统的计算模式相比，云计算可以根据需要自动调整计算资源的分配，从而提高系统的稳定性和性能。

（二）云计算技术在会计信息系统中的角色

1. 为会计信息系统提供了强大的计算和存储能力

云计算平台可以承载大规模的数据和复杂的计算任务，使会计信息系统能够处理更多的数据和进行更复杂的分析。与传统的本地服务器相比，云计算平台具有高度的可扩展性和弹性，能够根据实际需求灵活调整资源配置，满足了会计信息系统对计算和存储资源的不断增长的需求。

2. 为会计信息系统的安全性和稳定性提供了保障

云计算平台由专业的服务提供商负责维护和管理，它们拥有先进的安全技术并制定了严格的安全管理措施，能够有效保护会计信息系统中的数据和应用不受恶意攻击和数据泄露的威胁。云计算平台提供了高可用性和容灾能力，能够在发生硬件故障或自然灾害等情况下快速恢复服务，确保会计信息系统的连续性和可靠性。

3. 为会计信息系统的协同工作提供了便利

云计算平台提供了共享资源和协同处理的功能，使得多个用户可以同时访问和操作会计信息系统，实现信息共享和协同办公。通过云端的计算和存储，不同部门和地区的会计人员可以实时协同工作，共同处理财务数据和制作报表，提高了工作效率和准确性。

4.为会计信息系统的可扩展性和可定制性提供了支持

云计算平台采用了模块化和分布式的架构，可以根据需求灵活拓展和调整系统的功能和规模。会计机构可以根据自身的需求选择和定制云计算平台的各种组件和服务，以满足不同的业务需求和管理要求。同时，云计算平台还能够与其他关键系统进行集成，实现信息的无缝流通和数据的互通互联，促进会计信息系统与其他业务系统的协同发展。

四、大数据技术

（一）大数据技术的基本原理

大数据技术是在大规模数据的处理和分析的基础上，通过使用先进的计算与分析工具来提取有价值的信息。

大数据技术依赖海量的数据收集。传统的会计信息系统往往无法处理海量的数据，但随着科技的进步和网络技术的发展，大数据技术能够处理和分析海量的数据，包括结构化数据和非结构化数据。通过应用如云计算和分布式系统等技术，大数据技术能够快速有效地处理大量的数据，为会计信息系统提供更准确、更全面的数据支持。

大数据技术着重于数据的存储和管理。在传统的会计信息系统中，数据的存储和管理往往是一个挑战。大数据技术通过使用分布式存储系统和数据库技术，能够有效地管理和存储海量的数据。同时，大数据技术还提供了数据备份和恢复等功能，确保数据的安全性和可靠性。

大数据技术中，数据的处理和分析是关键。大数据技术通过使用复杂的算法和模型来分析数据，从而得出有价值的信息和见解。通过实时数据处理和机器学习算法，大数据技术可以自动识别和分析数据中的模式和关系，提供更准确的决策支持。

大数据技术注重数据的可视化和呈现效果。大数据技术可以将复杂的数据转化为可视化的图形和报表，使得使用者能够更直观地理解和分析数据。通过数据可视化这一特征，用户可以快速地发现数据中的趋势、异常来进行业务观察，从而作出更有效的决策。

(二)大数据技术在会计信息系统中的角色

在当前信息爆炸式增长的时代,会计信息系统需要处理大量的数据,同时分析和运用这些数据成为提高会计决策质量的关键。而大数据技术的引入为会计信息系统提供了新的解决方案和机会。下面将探讨大数据技术在会计信息系统中的角色。

大数据技术在会计信息系统中扮演着数据采集和存储的角色。通过各种数据采集工具和技术,会计信息系统能够收集庞大、多样的数据,包括企业的财务数据、市场数据、社交媒体数据等。这些数据被存储在云服务器或分布式数据库中,以便日后的分析和应用。

大数据技术为会计信息系统提供了强大的数据处理和分析能力。传统的会计信息系统往往无法有效处理大规模、高维度的数据,而大数据技术能够通过并行计算、分布式处理等方法,快速、准确地对海量数据进行处理和分析。这使得会计人员能够从中发现隐藏在数据背后的模式、趋势和规律,有助于更准确地进行会计分析和决策。

大数据技术能够为会计信息系统提供数据挖掘和预测的功能。通过运用机器学习和人工智能技术,会计信息系统能够自动发现数据中的异常情况和异常模式,并预测未来的发展趋势。例如,系统可以通过分析企业的财务数据和市场数据,预测未来的销售额、盈利能力等指标。这种能力使会计信息系统更加智能化,为企业提供更具价值的决策依据。

大数据技术还能够为会计信息系统提供数据共享和协同的机制。通过云计算和分布式数据库技术,不同部门、不同地点的会计人员可以共享和协同使用数据,实现信息的快速传递和共享。这种数据共享和协同机制能够提高会计信息系统的工作效率和准确性,促进企业内部人员的合作和协同。

五、人工智能与机器学习

(一)人工智能与机器学习的基本原理

人工智能(Artificial Intelligence,AI)是一种模拟人类智能的技术,它使得机器能够具备某种程度上的学习、推理和决策能力。机器学习(Machine Learning,ML)则是实现人工智能的核心方法之一。在会计信息系统中,人工智能和机器学习的应用越来越受到关注，并展示出巨大的潜力。

人工智能的基本原理包括感知、推理和决策。感知是指通过传感器获取外部环境的信息，处理并转化为机器可理解的数据形式。推理是指根据已有的知识和信息对问题进行分析和推断，以得出有价值的结论。决策是指选择最佳行动方案并进行执行。这种组合的能力使人工智能可以在会计信息系统中发挥重要作用。

机器学习是指机器通过从数据中学习规律，并利用学习得到的模型进行预测和决策的过程。它通过分析大量的数据，自动发现和学习数据中的模式和规律，形成模型，并使用这些模型来解决实际问题。在会计信息系统中，机器学习可以提供精确的预测和决策支持，帮助会计人员更好地分析财务数据和风险，提高决策的准确性和效率。

人工智能和机器学习在会计信息系统中的应用可以表现为四个方面。第一，通过人工智能和机器学习的方法，可以实现财务数据的自动分类和解释，减少人工操作和错误。第二，基于人工智能和机器学习的智能预测模型可以对未来的财务状况进行预测，提前识别可能存在的风险和问题。第三，人工智能和机器学习可以实现自动化的风险评估和控制，帮助企业降低风险并提高风险应对能力。第四，结合人工智能和机器学习的技术，可以实现智能化的财务报告和分析，提供准确、高效的决策支持。

（二）人工智能在会计信息系统中的角色

人工智能技术可以用于自动化数据分析和处理之中。传统的会计信息系统往往需要人工从海量的数据中提取关键信息并进行分类和整理。然而，随着数据量的不断增加，人工处理已经变得非常烦琐且容易出错。而借助人工智能技术，会计人员可以利用机器学习算法和自然语言的处理技术，让计算机自动识别、提取并处理数据，大大提高数据处理的效率和准确性。

人工智能可以帮助会计人员进行风险预测和管理。借助机器学习和数据挖掘技术，可以建立起复杂的风险模型，对企业的财务风险进行预测和评估。通过对大量历史数据的分析和学习，人工智能系统可以发现潜在的风险因素，提前作出预警，并且还可以提供有针对性的应对措施。这样，会计人员能够更好地规避风险，保护企业的财务安全。

人工智能可以用于实现智能审计和审计智能化。传统的审计过程通常需要大量的人力和时间，而且容易出现漏洞和遗漏。而借助人工智能技术，可以实现对大规模数据的自动检验、智能化的异常检测和数据分析。人工智能系统能够发现异常交易、重复支付等潜在的财务问题,并能够及时报告和提供解决方案。这大大提高了审计的效率和准确性,同时减轻了会计人员的工作负担。

(三)机器学习在会计信息系统中的角色

机器学习作为人工智能的分支之一,已经在各个领域展现出了巨大的潜力和应用价值。在会计信息系统中,机器学习也被广泛应用,以帮助提高会计信息的质量和效率,以及进行更为精确的数据分析和预测。

1.帮助进行数据清洗和预处理

在会计数据集中,经常会出现各种错误和异常值,这些数据对于后续的分析和决策可能产生误导。通过使用机器学习算法,可以自动识别和清洗这些错误数据点,从而提高数据的准确性和可信度。

2.进行分类和聚类分析

通过训练机器学习模型,可以将大量的会计数据进行分类,如将收入和支出进行分类,将不同的会计科目进行聚类。这种分类和聚类分析可以帮助会计人员更好地理解和识别不同类型的财务数据,为决策提供更有针对性的信息。

3.会计数据的预测和趋势分析

通过训练模型,可以根据过去的会计数据,预测未来的趋势和变化。这对于企业的财务规划和预算制定非常重要。机器学习模型可以分析各种因素的影响,并给出相应的预测结果,帮助企业制定更为准确和有效的财务决策。

4.异常检测和风险评估

通过训练模型,可以识别出异常的财务交易和行为,从而快速发现潜在的风险和问题。这种异常检测和风险评估对于保护企业的资产和利益非常重要,可以帮助企业及时采取相应的措施,降低潜在损失。

第三节　企业会计信息系统的实施与管理

一、企业会计信息系统的开发

(一)需求分析

需求分析的目的是明确系统的功能和性能要求,确保系统开发能够满足用户的实际需求。在需求分析阶段,开发团队与企业管理层和用户进行充分的沟通和交流,以了解企业会计信息系统的具体需求。

在需求分析阶段,开发团队需要详细了解企业的会计需求。他们与企业内部的会计部门进行访谈,从而了解企业的会计流程、数据采集和处理过程等方面的要求。通过与企业管理层的交流,他们还能够进一步了解企业未来的发展战略和需求变化,从而在系统设计中充分考虑到这些因素。

在需求分析阶段,开发团队需要对现有会计信息系统进行评估和进行问题分析。开发团队对企业目前正在使用的会计信息系统进行调研和分析,了解系统存在的问题和不足。他们通过与用户的讨论,进一步明确用户对于现有系统的改进期望,以便在新系统的开发中加以考虑。

在需求分析的过程中,开发团队会利用一些需求分析工具和技术。例如,他们可能会运用询问调查、访谈、会议等方法,与企业的不同部门和用户进行沟通和协作。此外,通过模块划分和流程图的绘制,开发团队将会更清楚地了解系统中各个模块之间的关系和交互方式。

基于以上分析和研究,开发团队将会整理出企业会计信息系统的详细需求规格说明书。这个文档将包括系统的功能模块、数据输入和输出要求、处理逻辑、性能需求等。同时,需求分析结果也会被用于后续的系统设计和编程过程中,以确保系统开发的正确性和有效性。

(二)设计与编程

设计阶段是整个系统开发中的重要环节。在设计过程中,首先需要进行需求分析,明确系统的功能需求和业务流程。根据需求分析结果,设计师将制定详细的系统架构和模块设计方案。这包括确定模块之间的关系、数据流和数据库设计等。设计师还需要考虑系统的可扩展性、安全性和性能等因素，确保系统能够满足企业的实际需求。

设计的结果需要通过编程来实现。编程是将设计方案转化为可执行代码的过程。在编程过程中，开发人员需要根据设计要求，选择适当的编程语言和开发工具，进行具体的编码工作。编程不仅仅是机械地输入代码，还需要有良好的编码风格和规范，以确保代码的可读性和可维护性。开发人员还需要进行测试，发现并修复潜在的错误和漏洞，确保编写的代码能够正常运行和达到预期的功能。

在设计与编程过程中，需要密切合作和协调。设计人员和开发人员需要进行频繁的沟通和交流，确保设计方案有效实施和编程过程顺利进行。设计人员需要及时提供设计文档和说明，以便开发人员能够准确理解和实施。开发人员也需要及时反馈问题和建议，促进设计的不断改进和优化。

（三）系统集成

系统集成涉及多个模块和子系统的组合和整合，以确保它们能够有效地协同工作，实现系统的整体功能。在系统集成阶段，需要完成以下四个关键任务。

1.进行接口设计与开发

在企业会计信息系统中，不同的模块和子系统之间需要进行数据的交换和共享。因此，在系统集成阶段，我们需要仔细设计和开发各个模块之间的接口，以确保数据的准确传递和正确处理。接口设计应考虑数据格式、数据传输方式、数据验证等方面的要求，以保证各个模块之间的无缝衔接。

2.进行功能测试与调试

在系统集成阶段，我们需要对整个系统进行功能测试，以验证系统的各项功能是否满足需求。这包括对各个模块的功能进行测试，检查它们是否按照设计要求正常工作。我们还需进行系统级的测试，模拟实际使用情况，确保系统在各种情况下都能够正常运行并处理数据。如果发现问题或错误，需要及时进行调试和修复，以确保系统的稳定性和可靠性。

3.进行性能优化与调整

在系统集成阶段，我们需要对系统的性能进行评估和优化。这涉及系统的响应速度、并发性能、资源利用率等方面的优化，以提高系统的整体性能和效率。通过合理的参数设置、负载测试和性能监控，我们可以及时发现性能问题，并进行调整和优化，以满足系统在日常运行中的性能要求。

4.进行用户培训与支持

在系统集成阶段，我们需要为企业内部的用户提供培训和支持。用户培训旨在使用户了解并熟悉系统的使用方法、注意事项和常见问题的解决方法。同时，我们还需要为用户提供技术支持，及时解决他们在使用过程中遇到的问题或困惑。通过用户培训和支持，企业可以帮助用户高效地使用企业会计信息系统，提高用户的工作效率和满意度。

二、企业会计信息系统的测试

（一）单元测试

单元测试旨在验证系统中各个模块的正确性和稳定性。通过对系统中的各个单元进行独立且精确的测试，可以及早发现和排除潜在的错误，确保系统的正常运行。

在进行单元测试时，需要明确每个单元的功能和预期结果。根据功能需求，开发团队编写测试用例，并根据用例进行测试。在测试过程中，需要使用各种测试方法和技术，如黑盒测试、白盒测试、边界值测试、异常值测试等，以确保其对各个方面的覆盖。

单元测试，主要包括输入输出测试、逻辑性测试和边界测试。输入输出测试主要关注单元对不同输入数据的处理和输出结果的准确性。逻辑性测试旨在验证单元内部的各种逻辑关系是否正确，如条件判断、循环等。边界测试则考虑在各种极限情况下，单元的表现和功能是否正常。

在进行单元测试时，需要充分利用各种测试工具和自动化测试技术。通过这些工具和技术，可以提高测试效率和准确性，节省测试时间和人力成本。

在进行单元测试时，应及时记录测试结果和发现的问题，并按照问题的严重程度进行分类和优先级排序。对于发现的问题，需要及时反馈给开发团队，并跟踪问题的解决进度，确保问题能够得到及时处理。

（二）集成测试

在企业会计信息系统的开发过程中，集成测试的目的是验证系统不同模块的协同工作，检测系统在整合过程中是否存在问题。下面将详细介绍企业会计信息系统的集成测试。

在集成测试阶段，首先需要明确各个模块之间的接口和依赖关系，以确保系统能够正确地传递数据和完成各项功能。借助各种测试工具和技术，开发人员将对模块逐个进行测试，重点关注模块之间的数据传递、功能调用和错误处理等方面。通过模块间的集成测试，可以检测出系统中潜在的集成问题，并及时予以修复，确保整个系统的正常运行。

在进行集成测试时，应充分模拟真实的使用环境，使用真实的数据和业务场景进行测试。通过模拟用户的实际操作，可以全面验证系统在不同情况下的性能和稳定性。同时，还需要重点测试系统的安全性和数据一致性，确保系统在面临潜在威胁或异常情况时能够正确处理和保护数据。

与其他测试阶段相比，集成测试具有较高的复杂性和挑战性。不同模块的集成可能引发各种潜在问题，如数据传递错误、模块依赖冲突和接口兼容性等。因此，在进行集成测试时，需要制定详细的测试计划和测试用例，确保每个模块的功能和交互都能得到全面检验。

集成测试是一个迭代的过程，在测试过程中可能会发现一些问题需要修复或优化。因此，开发人员应及时记录和跟踪问题，并与团队成员密切合作，确保问题得到有效解决。只有在集成测试环节中使问题得到彻底解决，才能进入下一阶段的系统测试和用户验收测试。

（三）系统测试

在开发阶段的单元测试、集成测试之后和用户验收测试之前，系统测试起着关键的作用。系统测试主要以整个系统的功能和性能为重点，检验系统是否能够满足预定的需求和目标，保证系统能够正常运行并提供准确可靠的会计信息。

在系统测试阶段，测试团队将根据系统的设计和需求文档，编制测试用例，设计测试数据，并进行功能性、性能和兼容性等方面的测试。测试团队将针对系统的功能进行测试，验证系统是否按照需求文档中规定的功能进行运行。例如，测试人员将模拟不同的操作场景，包括创建、编辑和删除会计科目、录入和查询会计凭证等，以确保系统能够正确地执行这些功能。

在系统测试阶段，测试团队会对系统的性能进行评估，包括响应时间、并发处理能力和数据处理能力等。测试人员将模拟大规模数据输入、并发用户访问等情况，以确保系统能够在高负载状态下仍然保持稳定和高效地运行。

在系统测试阶段，测试团队会测试系统的兼容性，包括与其他系统、硬件和软件的适配性。测试人员将验证系统能否与其他企业的信息系统或外部系统进行数据的交换和集成，确保数据的准确传输和处理。

在系统测试过程中，测试团队会记录和分析测试结果，并与开发团队密切合作，及时修复和解决出现的问题和 bug。测试人员还会与业务人员密切合作，针对异常情况进行测试，并对系统的异常处理和容错机制进行验证，确保系统能够应对各种未知的异常情况。

（四）用户验收测试

用户验收测试的主要目的是验证系统是否能够满足用户的实际业务需求，是否能够准确无误地执行各项功能，并且是否能够满足用户对界面友好性、操作便捷性、数据准确性等方面的期望。通过用户验收测试，我们可以发现并解决系统中存在的问题和不足，确保系统的稳定性和可靠性。

在进行用户验收测试时，需要明确测试的范围和测试的侧重点。通常情况下，用户验收测试应该覆盖系统的主要功能模块和核心业务流程，以确保测试的全面性和有效性。测试的重点应该放在用户最关注的功能和业务流程上。

用户验收测试的方法可以采用多种方式，包括手工测试、自动化测试和仿真测试等。手工测试是最常用的方法，通过操作系统的界面和输入数据进行测试，验证系统是否符合预期效果。自动化测试则是借助自动化测试工具，编写测试脚本和测试用例，进行自动化执行，提高测试效率。仿真测试是模拟真实环境下的测试，通过模拟用户的操作和行为来进行系统测试。

用户验收测试的步骤主要包括需求分析、测试计划制订、测试环境搭建、测试用例设计、测试执行和问题反馈等。在需求分析阶段，要明确用户的需求和期望；在测试计划制订阶段，要确定测试的范围、方法和进度；在测试环境搭建阶段，要提供一个符合实际条件的测试环境；在测试用例设计阶段，要编写详细的测试用例，包括正常情况和异常情况的测试；在测试执行阶段，要按照测试计划执行测试用例；在问题反馈阶段，要记录和反馈测试中发现的问题和不足，并进行及时修复和改进。

三、信息系统的运行

（一）系统上线

系统上线标志着系统开发工作的完成和系统正式投入使用。在系统上线前，必须进行全面的测试和准备工作，确保系统能够稳定运行并满足用户的需求。

1.进行系统集成测试

这一测试环节旨在验证各个子系统之间的协调工作和数据传递的准确性。通过模拟真实业务场景，检查系统各个功能模块的运行效果和相互间的配合情况。在集成测试过程中，需要确保数据的准确性和完整性，以便确保系统能够准确地记录和报告企业的财务和会计信息。

2.进行性能测试

性能测试旨在评估系统的稳定性和响应速度，回答了系统是否能在大量用户同时登录和操作的情况下保持稳定运行的问题，并能在短时间内快速响应用户的请求。通过性能测试，可以发现系统存在的潜在问题，及时进行调整和优化，保证系统在上线后能够正常运行。

3.进行用户培训和知识转移

用户培训的目的是使企业员工快速熟悉和掌握新系统的操作方法和功能使用。通过培训，员工可以加深对系统的理解，提高使用效率，提升工作效能。此外，知识转移也是非常重要的一环，它确保了企业在系统上线后能够独立维护和管理系统，减少对外部技术支持的依赖。

4.进行灰度发布和监控

灰度发布是逐步将系统引入实际生产环境的过程，通过选择一部分用户进行试运行，及时发现和解决潜在问题，确保系统的稳定性和可靠性。同时，运行监控也是必不可少的，它通过对系统运行状态的实时监控，发现异常情况并及时处理，确保系统按预期运行。

（二）运行监控

对系统进行实时监测和分析，可以及时发现系统运行中出现的异常情况，并采取相应的措施进行处理，以保证系统的稳定性和可靠性。

运行监控需要建立一套完善的监控体系，包括监控指标的选择和设定、监控数据的收集和存储、监控报警的设置等。监控指标的选择应该根据系统的特点和运行需求合理地确定，可以选择CPU使用率、内存占用率、磁盘空间利用率等作为监控指标，通过实时收集和存储这些指标的数据，可以为后续的分析提供充分的依据。另外，在设定监控报警时，需要根据业务需求设置相应的阈值，一旦监控指标超过或低于设定的阈值，系统会自动触发报警，提醒相关人员进行及时处理。

运行监控需要进行实时数据分析和异常事件处理。通过对收集到的监控数据进行实时分析，可以及时发现系统中的异常事件，如系统性能下降、响应时间延长、错误日志增加等。一旦发现异常事件，需立即采取相应的措施进行处理。对于常见的异常事件，可以制定相应的应急预案，以提高处理效率和减少损失。还可以将异常事件进行分类和记录，以便进行后续的系统优化和问题分析。

运行监控的目标是保障系统的稳定性和可靠性。在监控过程中，需要定期进行系统的巡检和评估，查找潜在的问题和风险，并及时采取必要的措施进行修复和优化。此外，运行监控还需要与用户进行充分的沟通和交流，及时了解用户的使用体验和需求变化，以便有针对性地进行系统的调整和改进。

（三）故障处理

在故障处理之前，必须明确故障的具体类型和来源。故障可能包括硬件故障、软件故障以及外部环境引起的故障等。通过全面的故障分析，可以更准确地定位故障根源，为后续的处理提供有力的依据。

针对不同类型的故障，要采取相应的处理措施。对于硬件故障，需要及时联系硬件维护人员进行检修或更换故障设备；对于软件故障，可以通过重启系统、重新安装软件、修复错误码等方式进行修复；对于外部环境引起的故障，如停电、断网等，需要及时跟进处理，并采取相应的应对措施，如启动备用电源、切换到备援网络等。

在故障处理过程中，快速响应和及时沟通是至关重要的。团队成员应建立故障处理的快速响应机制，当故障发生时，及时启动应急流程，并迅速调动相关人员进行处理。此外，及时沟通可以有效协调各方资源，提高故障处理效率。团队成员应及时向相关人员报告故障状况，并在处理过程中保持沟通畅通，及时汇报处理进展和结果。

故障处理过程还应建立完善的记录和反馈机制。及时记录故障发生的时间、原因、处理方法及效果等关键信息，以便进行后续分析和总结故障处理的经验教训。同时，将故障处理的结果及时反馈给相关人员，以便大家共同学习、改进和提高。

(四)数据备份与恢复

数据备份是指将系统中的数据复制到一个备份媒介,以便在系统出现故障或数据丢失的情况下恢复数据。恢复是指在系统数据丢失后,通过备份数据的恢复操作将系统还原到正常的工作状态。

为了保证数据备份与恢复的有效性和可靠性,企业应该制定一套完善的备份策略。首先,需要确定备份数据的频率和时间点,以确保备份的数据是最新的。其次,要选择合适的备份媒介,如磁带、硬盘、云存储等,确保备份的数据可靠和安全。最后,还应制定备份数据的存储位置和保密措施,以防止数据泄露和意外损坏情况的发生。

对于数据备份的恢复操作,必须确保恢复过程的可行性和高效性。首先,需要预先确定恢复的方法和步骤,明确恢复操作的先后顺序和相应的权限。其次,要定期进行恢复测试,验证备份数据的完整性和正确性,确保恢复操作的成功率。最后,在恢复过程中需要注意数据冲突和更新问题,确保恢复后的数据与原始数据的一致性。

数据备份与恢复还应与系统的运行监控相结合,及时发现备份失败或数据异常的情况。通过运行监控,可以对备份操作的执行情况进行实时监测,以便及时发现并解决备份问题。同时,还可以通过日志记录和报警系统等手段,实现对数据异常和系统崩溃等紧急情况的预警和处理。

四、信息系统的维护与升级

(一)系统维护策略

1. 定期的系统巡检和监控

通过定期巡检和监控,可以及时发现系统中可能存在的问题和潜在风险。这种主动监控的方法有助于防止系统故障和数据丢失,并能够迅速采取措施解决问题。监控也可以帮助企业及时了解系统的性能和资源利用情况,从而作出相应的优化调整。

2. 建立合适的问题反馈和解决机制

当系统出现故障或用户反馈问题时,及时响应和解决是非常重要的。企业可以设置专门的故障处理团队，负责接收、记录和解决系统问题。建立一个系统问题反馈渠道，让用户可以方便地报告问题，对于及时发现和解决问题非常有帮助。

3.定期的系统备份和恢复

无论系统是出于预防故障还是应对突发情况的需要，备份数据都是必不可少的步骤。定期的系统备份可以保护数据的完整性和安全性，并在系统出现故障或数据丢失时提供数据恢复的能力。此外，备份数据还可以用于系统的升级和迁移。

4.持续的系统优化和改进

随着企业的发展和变化，会计信息系统也需要不断优化和改进。通过定期的系统性能评估，可以了解系统的“瓶颈”和问题，然后采取措施进行优化和改进。这样可以确保系统始终能够满足企业的需求，并能够适应不断变化的业务环境和要求。

（二）系统升级需求分析

其一，系统升级需求分析需要对当前的信息系统进行全面的调研和了解，包括其在业务流程、数据处理、报表输出等方面的具体功能和特点。通过与用户、管理者以及相关部门的沟通和交流，了解他们对系统的相关需求和对现有系统不足的意见和建议，进一步明确系统升级的方向和目标。

其二，系统升级需求分析需要充分考虑企业的业务发展方向和战略目标。随着企业业务的扩大和变化，原有的信息系统可能无法满足日益增长的需求。因此，在升级需求分析的过程中，必须要充分考虑企业未来的发展方向，结合业务流程的变化，确定系统升级的目标，并提出相应的功能和性能改进的需求。

其三，系统升级需求分析需要综合考虑信息系统的安全性和稳定性。随着网络安全问题的日益突出，信息系统的安全性成为企业管理者关注的重点。在进行升级需求分析时，必须要对现有系统的安全性进行全面的评估，并提出相应的改进建议，以保障信息系统的安全运行。

其四，系统升级需求分析需要充分考虑相关的技术和资源条件。在进行升级需求分析时，必须要充分考虑企业的技术实力和资源投入情况，确定升级方案的可行性和可操作性，以避免升级过程中出现技术上的困难和资源上的“瓶颈”。

(三)系统升级实施

系统升级是指通过对系统的功能和性能进行提升,使系统能够更好地适应企业的发展需求。在进行系统升级实施之前,需要充分了解系统升级的目标和要求,并明确升级的步骤和时间。

进行系统升级前,需要对当前的系统进行全面的评估和分析。这包括对现有系统的功能、性能、安全性等进行全面的检查,并识别出系统存在的问题和不足。通过充分了解系统的优点和缺点,为系统升级制定合理的目标和策略,以提高系统整体运行的效率和性能。

在进行系统升级之前,需要对系统的升级需求进行详细的分析和规划。这包括确定升级所需的技术和资源,制订升级的时间表和计划,并与相关的部门或团队进行充分的沟通和协调。通过明确升级的需求和目标,可以确保升级过程的顺利进行,并避免可能出现的问题和风险。

进行系统升级实施的关键是制订详细的实施方案。这包括确定升级的步骤和流程,明确所需的费用和资源,并分配人员和责任,确保各项任务能够有序地进行。在实施过程中,需要注意对系统进行备份和恢复的工作,以确保系统在升级过程中的安全性和可靠性。

在系统升级实施过程中,需要进行有效的监控和控制。这包括对升级过程的进度和质量进行监测,及时发现和解决可能出现的问题和风险。同时,还需要与相关的部门或团队进行充分的沟通和协调,以确保升级过程能够按照计划进行,并能达到预期的效果。

(四)升级后的系统测试与调试

在完成企业会计信息系统的升级之后,需要进行功能测试,以验证升级后的系统是否能够正常实现原有功能。在进行功能测试时,可以参考以往系统的运行情况和业务流程,并设计一系列测试用例来模拟实际操作场景。针对不同功能模块的测试用例,全面评估系统的性能和稳定性。

在完成企业会计信息系统的升级之后,要进行兼容性测试,以确保升级后的系统能够与已有的硬件设备、操作系统和其他软件应用程序兼容。兼容性测试包括对系统的各种外部接口进行测试,如与数据库的连接、与其他系统的数据交互等。通过兼容性测试,可以发现并解决与其他系统不兼容的问题,确保升级后的系统能够与企业现有的技术环境协调运作。

在完成企业会计信息系统的升级之后,需要进行性能测试,以评估升级后的系统在处理大量数据和高并发访问时的性能表现。性能测试包括对系统的响应时间、吞吐量和并发性等进行测试和评估。通过模拟实际的负载情况,可以了解系统的"瓶颈"和性能优化的空间,并进行相应的调整和优化。

在完成测试后,需要进行系统的调试和故障排除。这一步骤旨在发现并纠正升级后系统中存在的问题和错误。通过仔细分析日志和错误报告,可以准确定位问题,然后进行修复和优化。在调试和故障排除的过程中,应该建立有效的问题记录和追踪机制,以便及时跟踪和解决各类问题。

第五章　不同企业会计实务

第一节　服务业企业会计实务

一、服务业企业的运营模式

(一)运营模式的概念及特点

运营模式是指企业在市场竞争中运用资源和组织活动的方式和方法。对于服务业企业而言,运营模式的构建对于企业的发展至关重要。运营模式的概念包括企业的经营理念、组织结构、技术应用等各个方面。在服务业中,运营模式更加注重客户需求的满足以及提供高质量的服务。

1. 注重个性化定制

由于服务业的特殊性,每个客户的需求可能会有所不同,因此服务业企业需要针对不同客户进行个性化的服务设计和交付。这就要求企业能够灵活应对,不断提升自身的服务水平和质量,以满足客户不同层次、不同领域的需求。

2. 强调人力资源的合理配置

在服务业中,人才是最重要的资产。服务业企业需要通过合理的人力资源配置,确保拥有一支高素质、专业化的员工队伍。服务业企业还需要注重员工培训和激励机制的建设,以提高员工的工作满意度和服务水平。

3. 强调技术创新和信息化应用

随着科技的发展和信息化的进程,服务业企业需要不断引入和应用先进的技术手段,提高服务的效率和质量。例如,利用互联网和移动互联网技术,服务业企业可以提供线上线下相结合的服务模式,实现线上订购、线下配送的高效服务。

4. 注重合作与创新

服务业的发展离不开合作伙伴的支持,服务业企业需要与供应商、合作伙伴建立长期的合作关系，共同开拓市场、创新产品和服务。同时，服务业企业还需要不断进行自我创新，不断改进和优化运营模式，以适应市场需求的变化。

(二)服务业企业的运营模式类型

服务业企业的运营模式类型是指在服务业领域中，不同企业根据自身业务特点和组织结构等因素而采用的不同运营模式。这些运营模式旨在提高企业的经营效率和竞争力，以满足客户的需求并实现可持续发展。

1. 单一服务模式

这种模式下，企业专注于提供特定类型的服务，如餐饮业、酒店业等。这些企业通过优化服务流程，提高服务质量和效率，实现规模经营，并通过不断创新，满足消费者日益多样化的需求。

2. 多元化服务模式

这种模式下，企业提供多种不同类型的服务，以满足不同客户群体的需求。例如，某些大型服务业企业可以同时提供酒店、餐饮、旅游等多种服务，通过跨领域的经营，实现资源的优化配置和经济效益的提升。

3. 平台模式

这种模式下，企业充当平台的角色，连接服务需求方和服务提供方，促成双方的交易。典型的例子是电商平台，通过建立在线交易平台，将买家和卖家联系在一起，实现商品和服务的交易。这种模式具有高度的灵活性和扩展性，并能够实现规模效应和网络效应。

(三)运营模式的选择与优化

不同的运营模式会对企业的经营效益和竞争优势产生深远的影响。因此，如何选择和优化适合的运营模式成为服务业企业管理者面临的重要问题。

服务业企业应该根据自身的特点和市场需求来选择运营模式。例如，餐饮企业可以选择传统的实体店模式，也可以选择线上外卖平台的模式。在选择的过程中，需要综合考虑企业的经营规模、经营成本、品牌形象等因素。对于不同的服务业企业，其运营模式也有所不同。例如，酒店业可以选择分店连锁模式，而咨询公司则更适合采用项目合作模式。因此，在选择运营模式时，企业应该深入了解不同的模式特点，并根据自身需求进行选择。

运营模式的优化也是服务业企业持续发展的关键。运营模式的优化可以通过不断改进和创新来实现。一方面，企业可以通过引入先进的技术和管理方法，提升运营效率和服务质量。例如，引入智能化设备和信息系统，可以提高餐饮企业的订单处理速度和客户满意度。另一方面，企业还可以根据市场变化和竞争环境，适时调整运营模式。例如，随着消费者对健康饮食的需求增加，餐饮企业可以加强健康食品的供应，以适应市场需求的变化。通过不断优化运营模式，服务业企业可以提升竞争力，实现可持续发展。

服务业企业还可以通过合作和共享来优化运营模式。例如，多家酒店可以通过联盟的方式，共享资源和客户信息，提高市场竞争力。另外，服务业企业还可以与其他行业进行合作，实现互利共赢。例如，餐饮企业可以与物流企业合作，提供配送服务，拓展市场份额。通过合作和共享，服务业企业可以增加资源利用效率，降低成本，从而优化运营模式。

二、服务业企业的财务特征

（一）服务业企业的财务特性

1.服务业企业的收入来源广泛而多样化

与制造业企业主要依靠销售商品或产品不同，服务业企业的收入主要来自提供的各种服务，如咨询服务、娱乐服务、旅游服务等。由于服务业的特殊性，服务业企业的收入往往较为不稳定，受到市场需求波动和竞争状况的影响较大。

2.服务业企业的成本结构复杂多样

服务业企业的成本主要包括人力成本、场地租金、设备设施、营销费用等。由于服务业的特点是“无形”的，因此在服务过程中，人力成本往往占据较大的比重。同时，服务业企业的场地租金等固定成本也不可忽视。此外，由于服务的个性化和差异化，服务业企业在产品设计、质量控制等环节也需要投入更多的成本。

3.服务业企业的现金流量具有一定的不确定性

服务业企业通常需要在服务提供前进行一定的投入，如培训员工、购买设备等。然而，由于服务的特殊性，服务业企业的现金流量往往较为波动，需求的起伏引起了现金流量的变动。因此，服务业企业需要合理的资金管理和风险控制，以确保运营的稳定性和持续性。

4. 服务业企业的财务报表分析要注重非财务因素

与制造业企业相比，服务业企业的财务报表分析需要考虑更多的非财务因素，如服务质量、顾客满意度等。这些非财务因素的影响往往难以通过财务报表来直接反映，需要结合其他的市场调研和顾客反馈等数据进行综合分析。

(二)服务业企业的财务风险分析

财务风险指的是企业在运营过程中可能面临的各种财务风险，包括市场风险、信用风险、流动性风险等。服务业企业受到行业特性的影响，其财务风险特征也具有一定的特殊性。

1. 市场风险

由于服务行业的特殊性，其市场竞争激烈，需求波动较大。服务业企业的经营收入主要依赖客户的需求，如果市场需求出现下滑或者新的竞争对手进入市场，就有可能导致企业的收入下降。因此，服务业企业需要密切关注市场动态，及时调整经营策略，降低市场风险对财务状况的影响。

2. 信用风险

服务业企业通常需要提供一定的信用服务，如提供信用卡消费、向客户提供延期付款等。客户信用风险的存在可能会导致企业收账困难或者坏账的产生。因此，服务业企业在与客户建立合作关系时，应加强信用评估，对于信用状况不稳定或者风险较高的客户，应采取针对性较强的措施降低信用风险。

3. 流动性风险

由于服务业企业的经营模式和特点，其现金流量波动性相对较大。在服务业企业中，有可能面临着应收账款无法及时回收、经营活动所需的流动资金难以满足等问题。因此，服务业企业需要在财务管理中重点关注流动性风险，采取有效的措施来保证企业的流动性。

对于服务业企业的财务风险分析，可以采取多种方法。其一，可以通过对企业财务报表进行综合分析，包括对财务指标的计算和比较。其二，还可以参考行业数据和市场情况，了解行业的发展状况，以及竞争对手的情况，从而全面把握企业的财务风险。其三，还可以使用定量和定性的分析方法，例如使用财务比率分析、风险评估模型等，对企业的财务风险进行评估和预测。

三、服务业企业的财务会计实务

（一）服务业企业的会计核算特点

服务业企业的产品和服务具有较强的无形性。与制造业企业相比，服务业企业的主要经营活动是提供服务，而服务本身是无形的，无法像产品那样直接进行物资管理和计量。

在服务业企业的经营过程中，往往伴随着大量的时间和空间分离。例如，旅游服务、教育培训等行业，服务的提供与消费之间存在着时间的延迟，甚至在不同的地理位置上进行，这给会计核算带来了一定的困难。

服务业企业的主要成本往往体现在人力成本上。相对于制造业企业而言，服务业企业的经营活动更依赖人力资源，人员的技能、专业知识和服务品质对企业经营的影响更为重要。因此，在会计核算中，需要重点关注人力成本的计量和控制。另外，由于服务业企业的员工往往具有较高的流动性，人员的跨部门、跨单位流动使得成本的核算变得更加复杂。

在服务业企业的会计核算中，应注意将主观性与客观性结合起来。服务业企业的经营过程中，顾客需求和服务质量往往难以量化，这使会计核算过程中的主观判断显得更加重要。同时，应结合客观的经济规律和会计准则，将主观判断与客观标准相结合，确保会计核算的真实性和规范性。

（二）服务业企业的财务报表编制

财务报表是服务业企业对外提供的重要信息载体，通过财务报表可以清晰地展现企业的经营状况、财务状况以及现金流量等关键指标。在服务业企业的财务报表编制中，需要充分考虑到其特殊性和行业特点。

1.准确反映其业务特征

服务业企业的业务往往是以服务为主导，而非以商品销售为核心，因此，对于财务报表编制来说，需要重点关注服务业企业的收入和支出特征。与传统制造业企业不同，服务业企业的收入往往是以服务费用或者完成工作的成本来体现，而支出则主要包括人工成本、运营费用和相关间接费用等。在编制财务报表时，需要将收入和支出明确地分类和归集，以便更好地分析和评估企业的运营情况。

2.充分考虑行业特点

由于服务业的多样性，不同类型的服务业企业面临的财务业务和问题也不尽相同。在财务报表编制中，需要根据具体行业的特点和要求，灵活应用会计政策和报告规范。例如，对于酒店业而言，房屋出租、餐饮、会议服务等业务的收入应当分别列示，并注意区分与虚拟存储和实际存储相关的成本。而对于教育机构，学费收入和教学成本需要进行准确的划分。因此，在财务报表编制前，服务业企业的管理层和会计人员需要充分了解所在行业的特点，以保证财务报表的真实性和准确性。

3.关注经营效益和盈利能力

服务业企业的经营效益和盈利能力往往与其资源的配置和使用密切相关。在财务报表编制过程中，应注重收入的定量和质量分析，并结合成本和费用的控制，全面评估企业的经营效果。对于涉及收入认定、费用计提等有较大影响的会计政策应加以说明和回顾，确保报表中披露的信息能够准确反映企业的经营绩效。

4.引入非财务指标

除了传统的财务指标，对于服务业企业，还应引入一些非财务指标来评估其经营和发展情况。例如，客户满意度、服务质量指标等非财务指标对于服务业企业的经营评估至关重要。在财务报表编制中，可以通过与这些非财务指标的关联分析，给出更全面的经营评价和决策支持。

(三)服务业企业的成本控制与管理

作为一个以服务为主要经营业务的企业，服务业企业面临着与制造业企业不同的成本特点和管理需求。在服务业企业中，人力资源成本、能源物资成本、技术设备成本等是主要的成本构成部分，因此服务业企业的成本控制与管理需要注意以下四个方面。

1. 人力资源成本

对于服务业企业来说，员工的专业技能、服务态度和工作效率直接关系到企业的服务质量和客户满意度。因此，服务业企业在进行人力资源成本控制时需要注重对员工的培训和绩效管理的实施。通过培训提高员工的专业素质和服务技能，通过绩效管理激励员工的工作动力，来达到提高服务效率的目的，降低人力资源成本。

2. 能源物资成本

在提供服务的过程中，能源的消耗和物资的使用是必不可少的。服务业企业应该加强对能源物资的合理配备和使用的管理，通过优化能源的使用方式和物资的采购渠道，寻求效益最大化。同时，可以考虑与供应商建立长期合作关系，以获取更好的价格和优惠政策，降低成本支出。

3. 技术设备

服务业企业在提供服务的过程中，可能需要使用各种技术设备和工具。这些技术设备的选购、使用和维护都会带来相应的成本。因此，服务业企业需要在技术设备的选购时充分考虑技术性能、价格和维护成本等因素，选择符合自身需求且具有较低维护成本的设备。此外，服务业企业还可以考虑租赁设备的方式，以减轻购买设备的资金压力和降低后期的维护成本。

4. 成本管理与经营决策的结合

成本控制不仅仅是为了降低成本，更重要的是为了提高经营效益和盈利能力。因此，服务业企业要将成本管理与经营决策相结合，通过分析成本与收益的关系，合理制定价格策略和服务方案，以达到成本与效益的最优平衡点。同时，服务业企业还可以通过制定预算和控制指标，对成本进行定量和定性的分析，及时发现和纠正成本的偏离和损失，保证企业运营的持续健康发展。

（四）服务业企业的财务决策分析

服务业企业在进行财务决策分析时，需要重点关注投资决策。服务业企业的投资决策通常包括新建项目、扩大经营规模等，而这些项目的投资额较大且投资回报周期较长。因此，在进行投资决策时，管理层需要仔细评估投资项目的风险与收益，分析投资回报率、投资效益以及项目的实施周期等关键指标，以确保投资决策的合理性和可行性。

服务业企业在进行财务决策分析时，需要关注融资决策。服务业企业的融资决策主要涉及债务融资和股权融资两个方面。债务融资包括向银行贷款、发行债券等，股权融资则是指通过发行股票或吸收外部投资进行资本扩张。在进行融资决策时，管理层需要综合考虑融资成本、融资规模、融资方式以及对企业未来盈利能力的影响，以确保融资决策的风险可控，在满足企业发展需求的同时保证财务的稳定。

服务业企业在进行财务决策分析时，需要关注分红决策。分红决策涉及将企业盈利中的一部分利润分配给股东或再投资于企业发展中。在进行分红决策时，管理层需要权衡企业的盈利水平、现金流状况以及股东权益，同时也需要考虑企业未来的发展需求和市场竞争压力，以平衡股东利益和企业长期可持续发展之间的关系。

四、服务业企业的管理会计实务

(一)服务业企业的管理会计概述

服务业企业的特性决定了其经营过程更加复杂和多样化。与制造业企业相比，服务业企业的产品具有不可见性、不可存储性以及一次消耗性等特点。这意味着服务业企业需要更加精细地掌握和管理经营过程中的各种成本和收入要素，以实现有效的成本控制和利润增长。

服务业企业的需求和市场环境发生了快速的变化。现代服务业以客户为中心，注重满足客户的个性化需求和不断变化的消费习惯。服务企业需要通过管理会计来了解客户需求的变化趋势，提前调整经营策略和资源配置，以适应市场的快速变化。

服务业企业的业务过程通常具有较多的人为因素和时序性。人力资源是服务业企业的重要资产，在管理会计的支持下，服务业企业能够更好地对人力成本进行分析和控制，提高员工的工作效率和满意度。同时，管理会计还能帮助服务业企业合理安排服务流程，优化服务周期，提高服务质量和客户满意度。

在管理会计实务中，服务业企业可以运用预算管理和成本控制等工具来支持经营决策。预算管理能帮助服务业企业制定经营目标和计划，并对实际经营结果进行监控和分析，发现问题并采取相应措施。成本控制则是针对服务业企业成本结构和成本要素进行分析和管理，通过有效的成本控制，提高运营效率和利润水平。

(二)服务业企业的预算管理

1.制订详细的预算计划

这包括收入预算、成本预算、利润预算等。在制定收入预算时,企业需要考虑市场需求、竞争状况以及销售渠道等因素。成本预算是预测和规划企业运营过程中各个环节的成本,包括人力成本、材料成本、设备维护成本等。利润预算是通过将收入与成本相减,预测企业在特定时期的盈利情况。制订详细的预算计划有助于企业全面了解经营状况,为管理决策提供依据。

2.建立有效的预算执行机制

这一机制包括预算授权、执行监控和责任追究等方面。预算授权是指将预算执行的权力和责任下放到各个部门和岗位。通过合理授权,可以激发员工的积极性和责任感,提高预算执行的执行效率。执行监控是通过制定预算执行进度表、预算执行报告等形式,对预算的执行情况进行监控和评估。及时掌握预算的执行情况,可以及时调整经营策略,确保预算的实现。责任追究是对预算执行情况进行评估和考核,并对未能完成预算计划的部门或个人进行追责。建立有效的预算执行机制可以增强预算的约束力,确保预算的有效执行。

3.进行预算与实际业绩的对比和分析

通过将预算与实际业绩进行比较,企业可以及时发现偏差和问题,并采取相应的调整措施。例如,当实际销售额低于预算销售额时,企业可以分析其原因,调整营销策略或提高产品质量,以提升销售额。预算与实际业绩的对比和分析可以帮助企业进行经验总结和改进,提高整体经营效益。

(三)服务业企业的成本控制与管理

1.合理评估和管理其成本结构

成本结构的合理性直接影响到企业的盈利能力。在评估成本结构时,企业应将成本分为可变成本和固定成本,并根据不同的成本类型制定相应的控制和管理策略。例如,针对可变成本,企业可以考虑采用灵活的运营模式,以应对需求波动；对于固定成本，企业可以积极寻求降低成本的机会，如减少不必要的开支、与供应商进行有效谈判等。

2.注重成本效益分析

成本效益分析是企业决策中必不可少的工具。通过对成本与效益的综合分析，企业可以判断某项成本投入是否能够产生相应的效益，并从中选择最经济和最有效的资源配置方案。成本效益分析还能帮助企业发现潜在的成本节约机会，并优化资源利用，提高企业整体效益。

3.采用成本控制的技术手段提高成本效益

利用信息技术来实现成本核算的自动化和精细化，能够提高成本数据的准确性和时效性，支持管理层作出更准确的决策。此外，企业还可以引入先进的成本控制方法，如作业成本法、活动基础成本法等，以便更精准地掌握各项成本要素，实现成本控制的目标。

第二节　中小企业会计实务

一、中小企业的运营模式

(一)运营模式概述

运营模式是指企业为了实现经营目标而采取的一系列策略和运作方式。它包括企业的产品、市场定位、供应链管理、组织架构以及关键资源的配置等方面。不同的运营模式将会对企业的盈利能力、市场竞争力和可持续发展产生深远影响。

运营模式涉及企业的产品定位。企业需要明确自己产品的核心竞争力，从而制定相应的运营策略。例如，有些中小企业注重产品的研发和创新，以不断推出新产品来吸引顾客；而另一些中小企业则注重产品的低价策略，通过成本控制来提升市场竞争力。无论是技术革新还是低价战略，都表明了运营模式在产品定位方面的重要性。

运行模式涉及企业的市场定位。在选择市场定位时，中小企业需要根据自身的资源和能力来确定适合的市场定位。例如，在选择市场时，一些中小企业选择专注于某一领域，成为市场细分中的领导者；而另一些企业则选择广泛覆盖多个市场，实现市场多元化发展。不同的市场定位将直接影响企业销售渠道的选择、市场推广策略以及与供应商、客户等相关方的合作关系。

供应链管理也是运营模式中的重要组成部分。中小企业在供应链管理方面需要确保供应商的稳定性、供应链的流程效率和产品质量的可控性。因此，中小企业需要与供应商建立稳固的合作关系，确保原材料的及时供应；同时，还需要优化供应链的流程，降低运营成本，提升交付效能。这些都需要中小企业在运营模式的设计和优化中进行考虑。

中小企业的运营模式还包括组织架构和关键资源的配置。中小企业需要根据自身的规模和特点来确定合适的组织架构，确保各个部门之间的协调和沟通。此外，对于中小企业来说，关键资源的配置也至关重要。企业需要明确自己的核心竞争力，合理配置资源，从而提升企业的竞争力和效益。

（二）运营模式类型

1. 传统制造业

这种模式下，企业主要通过生产和销售实体产品来赢得市场份额。他们通常拥有自己的生产设备和生产线，以满足对产品数量和质量的需求。这种模式下，企业需要具备稳定的供应链和高效的生产流程，以保证产品的及时交付和价格竞争力。同时，还需要加强与供应商和分销商的合作，以扩大销售渠道和市场份额。

2. 服务业

相比于制造业，服务业更注重提供高质量的服务来满足消费者的需求。中小企业在服务业中可以涉及多个领域，如教育培训、餐饮娱乐、医疗健康等。在这种模式下，企业需要注重提升服务质量和服务体验，培养专业化的服务团队，并建立良好的客户关系和口碑。此外，与其他企业和机构的合作也是服务业中小企业持续发展的重要途径。

3. 创新型企业

这些企业主要通过技术创新、产品创新或商业模式创新来推动企业的发展。创新型企业注重不断改进和升级自己的产品或服务，以满足市场需求的变化。他们通常具有高度的创造力和快速的市场响应能力，能够在竞争激烈的市场竞争中脱颖而出。创新型企业需要不断投入研发和创新资源,并与相关研究机构、技术合作伙伴建立密切的合作关系,以保持市场竞争力。

4.线上线下结合

随着互联网的普及和电子商务的发展,中小企业可以通过线上渠道和线下实体店相结合的方式来拓展市场。通过线上渠道,企业可以扩大销售范围,增加市场曝光度;而通过线下实体店,企业可以提供面对面的服务和产品体验,增加消费者的信任感和满意度。线上线下结合的模式需要企业具备良好的信息技术支持和物流配送能力,同时要加强线上线下销售渠道的协调管理,以实现互补发展。

(三)运营模式选择与优化

运营模式选择是中小企业发展的关键一环。中小企业可根据自身的特点和市场需求选择不同的运营模式。目前常见的运营模式类型包括直销、代理、加盟等。直销模式适合产品市场消费需求大、竞争激烈的行业,可以有效降低渠道成本、提高品牌知名度。代理模式适合对产品了解充分、有强大销售渠道的中小企业,可以借助代理商的销售网络将产品快速推向市场。加盟模式适合想要快速扩大品牌影响力、利用加盟商的经验和资源的中小企业。因此,在选择运营模式时,中小企业需要综合考虑自身实力、产品特点、市场情况等因素。

运营模式的优化也是中小企业发展不可忽视的一环。通过对运营模式的优化,能够提高中小企业的生产效率、降低成本、提升竞争力。在优化运营模式时,中小企业可以从多个方面入手。要优化供应链管理,建立高效的供应链网络,确保准时交付产品。要加强市场营销能力,了解并把握市场需求,制定合理的市场策略,推动产品的销售和市场份额的增长。中小企业还可以通过积极创新,改进产品和服务,与时俱进,满足不断变化的市场需求。中小企业还可以通过合理调整组织结构和流程,提高内部流程的效率,降低管理成本,实现更好的资源配置。

二、中小企业的财务特征

(一)财务特性概述

1.中小企业的经营规模相对较小,其财务规模也较小

中小企业在资金量、营业收入、利润等方面往往无法与大型企业相媲美。由

于其规模有限，资金投入有限，中小企业的资金运作通常较为紧张，需要更灵活的财务管理方式。

2. 中小企业的财务结构相对较简单

与大型企业相比，中小企业的业务范围相对较窄，财务活动相对较为简单。中小企业的财务结构往往由基本的资产、负债和所有者权益构成，相对简单清晰。

3. 中小企业的财务决策相对较为灵活

由于中小企业的经营环境常常充满不确定性，面临着市场风险、经营风险等多种风险因素，因此中小企业在财务决策方面需要更具灵活性。中小企业可能更倾向于寻求更稳健的资金管理方式，以降低财务风险。

4. 中小企业的财务透明度相对较低

与大型企业相比，中小企业在信息披露方面通常较为有限。由于资金和技术等方面的限制，中小企业难以完全满足相关信息披露的要求，导致其财务信息的透明度相对较低。这也给投资者和贷款机构等外部利益相关者的决策带来了一定的不确定性。

（二）财务风险特征

财务风险是指中小企业在经营活动中所面临的可能导致财务损失的不确定因素。

1. 市场风险

由于中小企业的规模相对较小，市场份额有限，相对于大型企业来说，中小企业更加容易受到市场波动的影响。一旦市场需求发生变化，中小企业的销售额和利润很可能会受到直接的冲击，从而增加了财务风险。

2. 供应链风险

中小企业通常依赖供应链来获取原材料或商品，一旦供应链中的任何一个环节出现问题，如供应商无法及时提供原材料或物流问题导致交货延迟，都会对中小企业的生产和销售产生不利影响。这种供应链风险会直接影响中小企业的财务状况，增加其财务风险。

3.管理风险

中小企业由于规模相对较小，管理水平和专业能力相对较弱。管理不善或者不恰当的决策会增加中小企业的财务风险。例如，没有正确把握市场需求，没有有效控制成本，或者没有科学合理地进行财务规划等，都会导致企业面临较大的财务风险。

4.外部环境的不确定性

政策变化、经济波动、金融风险等外部因素都可能对中小企业的财务状况产生影响。中小企业的经营活动容易受到外部环境的制约，因此对外部环境的变化作出准确的预判和及时的应对是降低财务风险的关键。

（三）财务收益特征

第一，中小企业的营业收入增长较为稳定。相比大型企业，中小企业的规模相对较小，市场份额有限，但由于其经营的专业性和灵活性，中小企业能够更好地适应市场的变化。因此，中小企业在市场转型和风险较高的行业中，往往能够保持较为稳定的营业收入增长。

第二，中小企业的利润率较高。中小企业在运营过程中能够更为有效地控制成本和管理资源，相比大型企业，中小企业的利润率往往更高。这主要得益于中小企业对市场细分的能力，能够更加精准地满足客户需求，并在竞争中获得更大的利润空间。

第三，中小企业的财务效率较高。中小企业通常在财务运作上较为精细，在利润的挖掘和利用上有较高的效率。由于中小企业的规模较小，决策过程更加简化，能够更快地响应市场需求和变化。这使得中小企业能够更迅速地进行决策调整，提高财务效率。

第四，中小企业的投资回报率较高。中小企业通常在投资决策上更加谨慎，会更加注重投资项目的风险和收益的比较。较小的企业规模使得其更加注重资源的有效配置和投资项目的回报率。相比大型企业，中小企业的投资回报率往往更高。

三、中小企业的财务会计实务

(一)财务会计基础

在中小企业的财务会计实务中,财务会计基础是一项关键的内容。财务会计基础包括了财务会计的基本原则、核算方法以及基本的会计处理流程。

在中小企业的财务会计实务中,必须遵循一系列基本的财务会计原则。这些原则包括收入确认原则、费用匹配原则、资产计量原则以及负债计量原则等。收入确认原则要求企业只有在收入实现的同时才能确认收入;费用匹配原则要求企业将费用与相应的收入进行匹配;资产计量原则要求企业根据实际交易价格或者公允价值计量资产;负债计量原则要求企业根据实际债务金额计量负债。

在中小企业的财务会计实务中,核算方法也是不可忽视的一环。核算方法包括会计科目的确定以及会计凭证的处理。中小企业应根据自身业务特点和财务信息需求,确定适合的会计科目,并根据核算规范和要求对会计凭证进行处理和登记。通过科学的核算方法,能够正确记录和报告企业的财务状况和经营情况。

中小企业的财务会计实务中,基本的会计处理流程也是必不可少的。会计处理流程包括业务发生、凭证处理、分录录入、账务核算以及财务报表编制等环节。中小企业应建立健全的会计处理流程,确保会计处理的准确性和及时性。只有通过规范的会计处理流程,才能获得真实可靠的财务信息。

(二)财务报表编制

财务报表是一种以数字和文字形式呈现的财务信息披露工具,用于向内部管理者、外部投资者、债权人等相关利益相关方提供对企业财务状况和业绩的全面了解。

在财务报表编制的过程中,要保证报表的准确性和可靠性。财务报表的数据应当真实、完整、准确地反映企业的财务状况和经营效益。为此,中小企业应严格按照财务会计准则进行会计处理,确保会计制度的规范性和一致性。

在财务报表编制的过程中,要注重披露的透明度和可理解性。财务报表编制应当采用对非专业人士易于理解的语言和格式,以便各利益相关方能够准确理解披露的财务信息。同时,应当充分披露一些重要的财务信息,如企业的利润、资产负债状况、现金流量等,以便外部利益相关方能够全面评估企业的财务状况。

在财务报表编制的过程中，需要关注时效性和频率。财务报表应当及时编制并按照一定的周期进行公布和披露。及时的财务报表可以帮助企业高效地进行内部决策和外部沟通，更好地反映企业的经营状况。

（三）会计信息披露

会计信息披露是指通过向外界提供全面、准确、及时的财务信息，使中小企业的财务状况、经营成果以及风险状况能够被各方合法利益相关者所了解。在信息时代的今天，会计信息披露对于企业而言越发重要。

1.明确会计信息披露的对象

一般而言，会计信息披露的主要对象包括企业的所有者、管理层、投资者、债权人以及政府等。他们对于中小企业的财务信息有不同的需求和关注点。因此，企业在进行信息披露时，应当根据不同的对象制定相应的披露策略，确保满足各方的信息需求。

2.合理选择披露方式和披露内容

披露方式包括书面报告、财务报表、公告、互联网等多种途径。企业应当根据自身的特点和实际情况选择最适合的披露方式，并确保披露内容充分、准确、无误地反映企业的财务状况和经营成果。企业还可以适当增加对未来发展规划、风险管理和社会责任履行等方面的披露，以提升企业形象和吸引更多投资者。

3.注重披露的时效性和持续性

时效性是指及时披露企业的财务信息，使用户能够在第一时间了解企业的最新变化。持续性则要求企业在一个较长的时间段内保持信息的连续披露，使得用户能够获得更加全面的财务信息。因此，中小企业应当建立健全的财务信息管理系统，确保财务信息的及时、准确披露，并制定相关制度和流程，保持信息的持续性。

4.加强内外部沟通与合作，提升会计信息披露的质量和效果

企业应当与审计师、会计师、证券监管机构等合作，共同制定披露标准和规范，推动信息披露工作的标准化和规范化发展。此外，企业还应当主动与投资者、债权人等各方进行沟通，及时回应各方关心和提出的问题，增加信息披露的透明

度和可信度。

(四)会计政策选择

根据实际情况和需要,中小企业需要在编制财务报表的过程中,选择适合自身的会计政策。会计政策选择的正确与否直接关系到财务报表的准确性和可靠性,对企业的经营和决策具有重要影响。

在进行会计政策选择时,中小企业应该考虑统一性与个性化之间的平衡。统一性要求企业应该按照国家的财务会计准则进行核算,使得财务报表具有可比性,方便外部的投资者和利益相关方进行分析和评价。同时,中小企业又应该根据自身的特点和业务模式,制定一些个性化的会计政策,以反映企业的实际情况。例如,在确认收入方面,根据业务特点,可以合理选择“权责发生制”或“收付实现制”。

在进行会计政策选择时,中小企业应该注重会计政策的稳定性和连续性。一旦选择了合适的会计政策,就应该尽量保持稳定,并在一定期限内保持一致性,避免频繁变更会计政策带来的不稳定性和混乱。当然,如果出现了重大业务变化或会计准则的变更,企业应该及时调整会计政策,但应该在公开透明的基础上进行,并及时向利益相关方披露相关信息。

在会计政策选择时,中小企业应该注重政策的合规性和合理性。合规性是指企业应该遵守国家相关的会计法规和准则,确保财务信息的合法和合规。同时,会计政策应该合理,即能够充分反映企业的经济业务情况,准确体现企业的资产、负债、收入和费用等核算要素。

中小企业在进行会计政策选择时,应该注重沟通和协商。与企业内部的各个部门以及外部的财务顾问、审计师等进行充分沟通和协商,了解各方的意见和建议,并根据不同的利益相关方的需求,选择适合企业自身的会计政策。沟通和协商不仅能够减少冲突和阻力,还可以更好地保证财务报表的准确性和合规性。

四、中小企业的管理会计实务

(一)管理会计基础

1. 管理会计的定义与作用

管理会计是一种用于管理决策和计划的会计体系,通过收集、分析和解释财务和非财务信息,为管理层提供决策支持和策略制定的依据。它与财务会计不同,关注的是企业内部的经营管理问题,旨在提高企业的经营效益和竞争力。

管理会计在中小企业中的作用尤为重要。由于中小企业的经营规模和资源有限,管理会计可以帮助企业管理层及时了解企业的财务状况、生产成本和业务绩效,并作出相应的策略调整。通过管理会计的应用,中小企业可以更好地控制成本、制定预算、进行经营决策,从而提高竞争力和实现可持续发展的目标。

2.管理会计的基本方法和技术

管理会计主要依靠一些基本方法和技术来实现其目标。其中包括成本分析、业务绩效评估、经营预测、投资决策等。

成本分析是管理会计的基础,它通过对企业各项成本进行分类、计量和分析,帮助企业了解生产过程中的成本构成,找到成本控制的关键点。同时,成本分析可以为企业提供全面的成本信息,用于产品定价、成本核算和经营决策。

业务绩效评估是管理会计的重要手段之一。通过建立合理的绩效评估指标体系,企业可以对业务进行定量评估,了解各项业务的贡献度和盈利能力。基于绩效评估结果,企业可以制定激励机制,调整资源配置,提高业务效率。

经营预测是管理会计的另一个重要方法。通过对市场环境、行业趋势等因素的分析,结合企业内部财务和非财务信息,可以预测企业未来的发展趋势和经营状况。具体来说,可以使用财务比率分析、趋势分析、成本预测等方法进行经营预测。

投资决策是企业经营中的重要环节,也是管理会计的核心内容之一。通过对投资项目的风险评估、成本效益分析、资金筹集和资本预算等方面的考虑,可以为企业的投资决策提供科学的依据。管理会计可以通过投资回报率、贴现现金流量等方法,帮助企业评估投资项目的可行性和收益情况。

3.管理会计在中小企业中的应用实践

在中小企业中,管理会计的应用实践具有一定的特点和挑战。一方面,由于中小企业的组织结构相对简单,决策层次少,管理会计的应用相对灵活和高效。另一方面,中小企业面临资源有限、信息不完善等问题,需要在应用管理会计的同时克服这些困难。针对中小企业的特点和挑战,可以采取以下实践方法来应用管理会计。

第一,建立简化的管理会计体系,将重点放在关键指标的监控和分析上,避免过多烦琐的数据收集和处理过程。

第二，加强信息系统建设，确保数据的准确性和及时性。中小企业可以借助信息技术工具，提高数据的收集和处理效率，加强决策的科学性和精准性。

第三，建立激励机制，通过将管理会计与绩效考核和奖励相结合，激发员工的积极性和主动性，推动企业经营目标的实现。

第四，加强对管理会计知识和技术的培训，提高企业管理层和财务人员的专业素养和应用能力。中小企业可以通过外部培训、内部分享等方式，不断提升管理会计的运用水平。

（二）成本控制与预算管理

在成本控制方面，中小企业需要采取一系列措施来降低成本、提高效益。其中一项重要的措施是优化生产过程，提高生产效率。通过合理安排生产计划、管理生产线等方式，中小企业可以减少生产过程中的浪费和损耗，从而降低生产成本。中小企业还可以通过采购策略的优化，选择合适的供应商、选择合理的采购价格，降低采购成本。中小企业还可以通过控制固定成本和变动成本的比例，灵活调整成本结构，实现成本的合理分配和控制。

在预算管理方面，中小企业需要制定合理的预算，并进行有效的预算控制。预算是企业未来发展的规划和指导，通过预算的制定，中小企业可以明确各项费用和收入的计划，为企业的经营活动提供一个明确的目标。在制定预算时，中小企业应考虑到市场环境的变化、行业竞争的状况以及企业内部的实际情况，确保预算的合理性和可操作性。在预算控制方面，中小企业需要建立起一套完善的预算控制制度和流程，定期进行预算执行情况的跟踪和分析，及时调整预算计划，确保预算的执行情况符合预期目标。

（三）财务决策分析

财务决策分析是中小企业管理会计实务中的重要组成部分。它通过对企业财务数据的分析和解读，为企业的决策提供科学的依据，以实现企业长期发展和利润最大化的目标。

在财务决策分析中，需要对中小企业的财务报表进行深入研究。这包括对资产负债表、利润表和现金流量表的细致分析，了解企业的财务状况、经营成果和现金流动情况。通过对这些财务数据的分析，揭示中小企业的盈利能力、偿债能力和经营稳定性等关键指标，为财务决策提供重要的参考依据。

在财务决策分析中，要注重比较和评价。与其他同行业或同类企业相比较，可以发现企业在财务指标上的优势和劣势，有针对性地调整经营策略和资金配置。通过对历史财务数据和趋势进行分析，可以预测未来可能的财务状况，并作出相应的决策和预防措施。

在财务决策分析中，要重视财务比率的计算和使用。常用的财务比率包括盈利能力比率、偿债能力比率、运营效率比率等。通过计算这些比率，可以对企业的财务状况进行综合评价，并找出可能存在的问题和改进的空间。此外，还可以借助财务比率来评估企业的投资价值和风险，以便作出智慧的投资决策。

在财务决策分析中，应注重与其他管理领域的协同。财务决策不是孤立的，需要与市场营销、人力资源管理、战略规划等管理决策相互配合。通过与其他管理领域协同分析，更全面地评估企业的绩效和潜力，为企业的战略决策提供更有针对性的建议和支持。

第三节　金融企业会计实务

一、金融企业的运营模式

（一）概念及特点

金融企业的运营模式是指金融机构在开展业务活动时所采用的方式和方法。金融企业的运营模式是根据其经营定位、战略目标、市场环境以及内部资源等因素综合决定的。一个有效的运营模式对金融企业的发展和竞争优势具有至关重要的影响。

金融企业的运营模式的特点主要表现在以下四个方面。

首先，金融企业的运营模式是基于金融服务需求和金融市场需求的分析和判断。金融企业要根据客户需求和市场变化，灵活调整运营模式，以满足客户的需求和市场的要求。

其次，金融企业的运营模式需要注意对风险的管理和控制。金融活动往往涉及大量的风险，包括信用风险、市场风险、操作风险等。金融企业在确定运营模式时，需要考虑如何有效地管理和控制这些风险，以保证企业的稳健发展。

再次，金融企业的运营模式还需要关注成本效益和盈利能力。金融企业作为经营性机构，其目标之一是获得盈利。因此，在确定运营模式时，金融企业需要考虑如何降低成本、提高效益，以实现盈利最大化。

最后，金融企业的运营模式还需要考虑企业的可持续发展。在当前经济环境下，可持续发展已成为企业的重要战略目标之一。金融企业在确定运营模式时，需要考虑如何实现经济效益、社会效益和环境效益的协同发展，以保证企业长期的健康发展。

(二)主要运营模式

1.传统的商业银行模式

商业银行作为金融体系的核心，通过吸收存款、发放贷款、提供信贷服务等来为客户提供金融支持。在这种模式下，商业银行通过利差业务实现利润。利润主要来自存款利息与贷款利息之间的差额，同时包括其他服务费用。

2.证券公司模式

证券公司作为股票、债券等投资工具的中介机构，主要从事证券交易、承销与保荐等业务。在这种模式下，证券公司通过收取交易佣金、承销费用等来获取收入。证券公司还可以提供股票研究、投资咨询等增值服务来吸引客户。

3.保险公司模式

保险公司通过向客户出售保险产品，并承担风险转移的责任来获取收入。在这种模式下，保险公司通过保费的收取与风险的管理来实现利润。保险公司还可以提供理赔服务、保险咨询等增值服务以提升客户满意度。

4.投资基金模式

投资基金作为一种集合投资工具，通过募集资金并投资于股票、债券、房地产等资产来获取收益。在这种模式下，基金公司通过管理和投资资产来获取回报，并通过收取管理费、托管费等费用来实现利润。

(三)运营模式的选择与实施

不同的运营模式将直接影响金融企业的盈利能力、风险管理以及长期可持续发展。因此，在作出决策之前，金融企业需要对各种运营模式进行充分的了解和分析。

1.选择传统的存贷款模式

这种模式相对较为稳定，通过吸收存款并提供贷款来获取利差收益。存贷款模式的盈利能力相对较低，特别是在利率波动和竞争加剧的情况下。因此，金融企业需要在其他运营模式上进行进一步的考虑。

2.选择资产管理模式

这种模式的核心是通过管理客户资产来获取收益。金融企业可以提供各种投资产品，包括证券、基金、保险等，以帮助客户实现财富增值。资产管理模式具有较高的盈利能力，尤其是在市场行情良好的情况下。这种模式的风险也相对较高，金融企业需要具备强大的风险管理能力来应对市场波动。

3.选择金融服务模式

金融企业可以提供各种金融服务，如支付结算、融资租赁、金融咨询等，以满足客户多样化的需求。金融服务模式的优势在于有较低的运营成本和较快的资金周转速度，但其盈利能力相对较小。因此，金融企业在选择金融服务模式时需要谨慎权衡利弊。

4.考虑采用综合运营模式

这种模式将各种运营模式相结合，利用各种优势来实现多元化经营。综合运营模式可以帮助金融企业在不同的市场环境下灵活应对，降低风险并提高盈利能力。然而，这种模式的实施需要金融企业具备较强的组织协调能力和资源整合能力。

二、金融企业的财务特征

（一）资本结构特征

资本结构指的是金融企业筹集资本的方式和结构。不同的资本结构对于金融企业的财务状况和经营效益有着重要的影响。

1.债务比例

债务比例是指金融企业通过借入债务来融资的比例。债务比例的高低决定了金融企业负债的程度。对于金融企业来说,合理的债务比例可以降低经营风险,提高财务灵活性。过高的债务比例可能增加财务风险,导致偿债能力下降。因此,金融企业需要谨慎控制债务比例,确保财务稳健。

2.股权比例

股权比例指的是金融企业通过发行股票来融资的比例。股权比例的高低反映了金融企业所有者对企业的控制程度。在金融企业中,股权结构的合理安排能够平衡各方利益,提高公司治理水平。股权比例的改变也会对金融企业的财务状况产生影响。例如,股权比例变动可能会改变金融企业的盈利分配机制和决策权。

3.企业内部融资和外部融资的比例

企业内部融资主要指通过自身利润积累来融资,外部融资则包括发行债券、股票等方式。不同的融资方式对金融企业的财务稳定性和经营效益都有一定的影响。适当的内部融资可以缓解外部融资压力,提高企业的自主融资能力。然而,过度依赖内部融资可能限制企业的扩张和发展。因此,金融企业需要根据自身的发展需要和市场环境,合理选择内部和外部融资的比例。

(二)收益与风险特征

1.利润的波动性和变动性较大

这是因为金融企业的盈利主要来源于利差、手续费收入、资产管理和投资收益等。在利差方面,金融企业通过借贷资产与求得的借贷成本之间的差额实现收益。手续费收入则来自提供各种金融服务所产生的费用。资产管理和投资收益则取决于金融企业对客户资金的投资操作。由于金融市场的复杂性和动态性,这些收益来源的变动往往会导致金融企业的利润波动。因此,在金融企业的财务特征中,其收益特征的波动性和变动性非常突出。

2.风险暴露度的差异性和风险管理的复杂性

金融企业的经营活动涉及各种类型的风险,如信用风险、市场风险、流动性风险和操作风险等。不同的金融企业根据其经营范围和产品特点,面临的风险暴露度不同。例如,商业银行主要面临的是信用风险和流动性风险,证券公司则更加关注市场风险和操作风险。因此,金融企业的风险特征呈现出差异性。

在金融企业的财务会计实务中,对于收益与风险特征的管理具有重要意义。金融企业需要通过巩固和提高收益特征,以增强盈利能力和市场竞争力。同时,金融企业还需要优化风险管理体系,有效控制各类风险因素,以保护企业的稳定性和资金安全。

(三)流动性与偿债能力特征

在金融企业的财务特征中,流动性与偿债能力被视为重要指标之一。流动性指的是企业在支付短期债务和经营成本时的能力。而偿债能力则是企业履行长期债务和债券等长期负债的能力。理解和分析金融企业的流动性与偿债能力特征,对于评估其财务稳定性和风险程度至关重要。

流动性特征是指企业在短期内转化资产以满足债务和成本支付的能力。一个高度流动性的金融企业通常拥有充足的现金和流动资产,这使得它们在面对紧急情况、市场波动或经济衰退时能够保持稳健运转。流动资产的构成通常包括现金、短期债券、应收账款和短期投资等。金融企业要确保其流动性特征在合理范围内,以应对短期风险和市场需求的变化。

偿债能力特征是金融企业履行长期债务和债券的能力。一个具备良好偿还能力的企业能够按时支付其利息和本金,并保持信誉良好。偿债能力通常通过债务与资本结构等指标加以衡量。债务比率、利息支付比率和债务服务覆盖比率等是评估偿债能力的重要指标。金融企业需要制定合理的负债结构和证券发行计划,以确保其偿债能力特征能够满足市场和投资者的要求。

三、金融企业的财务会计实务

(一)财务报表编制

财务报表是金融企业对外界展现其财务状况和经营成果的重要工具。它直接反映了企业的资产、负债、所有者权益以及其在一定期间内的经营活动、现金流量等信息。因此,准确、及时地编制财务报表对于金融企业的运营和管理具有重要意义。

财务报表编制需要遵循一系列的会计准则和规定，如国际财务报告准则（IFRS）或国内会计准则（CAS）。这些准则和规定对于财务报表项目的分类、计量方法、披露要求等都有明确的规定，金融企业在编制财务报表时必须严格按照这些规定进行操作，确保报表的准确性和可比性。

财务报表编制需要充分收集和整理企业的财务数据。金融企业的财务数据广泛分布在各个部门和系统中，为了确保报表的完整和准确，必须进行数据的收集和整合。金融企业可以通过建立与各业务系统的连接，自动获取数据，并依据财务报表编制的要求进行必要的调整和加工。

在财务报表编制的过程中，还需要进行各项核算和计算操作。核算包括对资产、负债、所有者权益、收入、费用等项目进行分类和计量，确保报表的统一和准确。同时，还需要对各项财务指标进行计算和调整，如计算资本充足率、风险加权资产以及各种比率指标等，从而更好地反映金融企业的财务状况和经营成果。

在财务报表编制完毕后，金融企业还需进行内部审核和审计。内部审核的目的是确保报表的准确性和可靠性，审计则是由独立的审计机构对报表进行审查，提供独立的意见和保证。这些审核和审计的过程有助于增加财务报表的可信度，提升企业形象，为外部利益相关者提供真实、可靠的财务信息。

（二）会计信息披露

会计信息披露是指金融企业将其财务状况、经营业绩、风险状况、治理结构等关键信息向内外部利益相关者主动公开的行为。有效的会计信息披露能够提升金融企业的透明度，增强利益相关者对企业的信任，促进金融市场的稳定和健康发展。

金融企业应当按照相关会计准则和法规要求，及时、准确地编制和披露财务报告。财务报告包括资产负债表、利润表、现金流量表和所有者权益变动表等。金融企业应当在报告中明确披露其财务状况、经营成果、现金流量、重大会计政策和会计估计的变化等信息，以便利益相关者全面了解企业的经营状况和风险。同时，对于存在财务造假等违规行为的金融企业，应当及时披露其违规行为和相应的风险。

金融企业应当加强对会计信息披露质量的管理和审查。在编制财务报告过程中，金融企业应当建立健全的内部控制制度，并进行有效的审计。内部控制能够确保财务报告的准确性和可靠性，审计则对财务报告的真实性进行独立的评价和确认。金融企业应当与独立审计师密切合作，确保财务报告的合规和披露信息的完整、准确、真实。

金融企业应当主动公开其他关键信息，以增强会计信息披露的有效性。除了财务报告之外，金融企业还应当向利益相关者披露其治理结构、董事会职责和履行情况、内部控制状况、风险管理情况等。这些信息的披露有助于利益相关者更好地了解金融企业的治理和风险控制能力，提升股东信任和市场价值。

金融企业应当积极利用信息技术手段，提高会计信息披露的方式和效果。随着信息技术的不断发展，金融企业可以利用互联网、移动应用等方式将会计信息及时、全面地传递给利益相关者。同时，金融企业还可以采用数据可视化技术，将复杂的会计信息以图表等形式展示，使信息更易于理解和分析。

（三）内部控制与审计

内部控制是指金融企业在业务运作过程中，通过制定合理的制度、流程以及风险管理措施，确保企业实现目标，保护企业财产安全，提高管理效率的一系列措施。而审计则是对企业内部控制的有效性与合规性进行评估和验证的过程。

在内部控制方面，金融企业需要建立完善的内部控制制度，确保各项规程、制度的有效执行。这包括明确的分工职责、权限管理、风险评估与控制、信息披露等方面。金融企业应该制定明确的制度和流程，规范各个部门的运作，以确保内部控制的有效性。

金融企业应该加强对内部控制的监督与检查。这包括对内部控制制度的定期评估与更新，及时发现并解决内部控制中的问题与漏洞。此外，金融企业还需要设立独立的内部审计部门，负责对内部控制的执行情况进行监督和评估，确保内部控制的有效运作。

在审计方面，金融企业需定期进行内部审计，并优化审计程序与方法。内部审计应着眼于评估内部控制的有效性，识别和纠正违规行为、错误和欺诈，并提供改进和建议。此外，金融企业还应积极配合外部审计机构进行审计工作，确保财务报表的真实性与准确性。

在内部控制与审计过程中，金融企业需要重视风险管理。通过建立健全的风险管理体系，能够识别并管理可能对企业运营造成影响的各类风险。为了保证审计的有效性，金融企业还需要对内部控制和审计工作进行培训，提高员工的风险防范意识与能力，确保内部控制和审计工作的质量。

(四)财务决策分析

财务决策分析是指通过对企业财务数据的分析和评估,帮助企业管理者作出合理的财务决策。下面将从四个关键的角度,介绍金融企业财务决策分析的相关内容。

对于金融企业来说,财务决策分析的重点之一是对资本结构的分析。资本结构是指企业在资产负债表中的各种资金来源与分配的比例关系。通过对资本结构进行分析,可以帮助企业管理者了解企业的资金募集渠道、债务风险和股权结构等情况,从而对企业的财务状况进行全面评估。对于金融企业而言,合理的资本结构对于保证企业的稳定发展具有重要意义。

财务决策分析需要对金融企业的盈利能力进行评估。盈利能力是企业的核心竞争力之一,对金融企业来说尤为重要。通过对企业利润表和相关财务指标的分析,可以评估企业的盈利能力,并从中发现潜在的问题和改善措施。在财务决策中,掌握金融企业的盈利能力情况,有助于管理者制定合理的利润分配政策,优化经营模式,提高企业的竞争力。

财务决策分析需要对金融企业的投资回报率进行评估。投资回报率是指企业通过投资所获得的收益与投资本身的关系。通过对金融企业的资产负债表和利润表进行分析,可以计算出企业的投资回报率。评估投资回报率有助于企业管理者判断投资项目的收益和风险,并为决策者提供参考依据,以支持优化资源配置和策略制定。

财务决策分析还需要对金融企业的风险管理进行评估。金融企业面临着特殊的风险,如信用风险、市场风险和操作风险等。通过对金融企业的财务报表和相关风险指标进行分析,可以评估企业的风险水平和风险管理能力。合理的财务决策应当考虑到风险管理的要求,以保障企业的稳定运营和可持续发展。

四、金融企业的管理会计实务

(一)成本控制与管理

首先,金融企业应通过成本核算来了解和分析各项业务的成本结构。通过细致精确的成本核算,可以深入了解到金融企业各个环节的成本构成和分布情况。这有助于管理层对成本进行细致的分析和控制,从而优化企业的经营决策。

其次，金融企业需要建立成本控制的管理体系。这包括制定合理有效的成本控制制度和流程，确保成本的收集、分析和决策过程的科学性和准确性。同时，还应重视内部控制，加强风险管理，避免成本的浪费和滥用。通过建立完善的管理体系，金融企业能够更好地掌控成本，实现对成本的有效控制和管理。

再次，金融企业还可以通过提高员工的专业素质和意识来实现成本控制与管理的目标。员工是企业的重要资源，他们的行为和决策对成本产生直接影响。因此，金融企业应注重对员工的培训和教育，提高他们的成本意识和管理技能。只有员工具备了良好的成本管理能力，才能更有效地控制和管理成本。

最后，金融企业可以运用先进的信息技术工具来进行成本的控制与管理。随着科技的不断发展，金融企业已经可以借助信息技术来实现成本的实时监控和精确计算。通过运用成本管理软件、智能化的数据分析工具等，金融企业能够更加高效地进行成本控制与管理，准确把握成本的动态变化。

（二）预算编制与执行

金融企业需要通过预算编制与执行来实现良好的财务管理和资源配置。预算编制过程包括确定预算目标、制订预算计划、分配预算资源等步骤。预算执行阶段则包括实施预算计划、监控预算执行情况、进行预算调整等环节。

在预算编制阶段，金融企业需明确预算目标，根据企业的战略规划、经营计划以及市场环境等因素，制订合理的预算计划。首先，金融企业需要确定预算期间，通常为一年，但也可以根据具体情况来确定。其次，金融企业需要根据以往的经验数据和市场预测，预测未来期间的销售收入、成本支出和利润等指标。此外，还需要考虑其他因素，如税收、资金利息、汇率等对预算的影响。

预算分配是预算编制的核心环节，金融企业需要将预算资源合理地分配给各个部门或项目。根据企业的战略重点和发展需求，预算应重点关注的部门或项目应得到较多的资源配置。同时，还需根据预算资源和市场需求的匹配情况，进行优化的资源分配，确保各项预算能够得到充分利用。

在预算执行阶段，金融企业需要严格依照预算计划来实施预算。此时，预算控制的重要性就凸显出来。金融企业需建立有效的预算控制机制，对各项预算指标进行监控和管理。通过比较实际执行情况和预算计划，及时发现偏差和问题，并采取相应的调整措施，以确保预算的有效执行。

预算执行过程中，绩效评价与激励也是不可忽视的一环。通过对预算执行情况的绩效评价，金融企业可以及时了解绩效情况，发现问题，并采取相应的激励措施。激励措施可以包括奖励、晋升、薪酬调整等,以激发员工的积极性和创造力,推动预算执行的顺利进行。

(三)绩效评价与激励

金融企业需要通过有效的绩效评价体系来评估员工的工作表现,并通过激励机制来激发员工的工作动力,从而提高企业的整体绩效。

金融企业应该建立科学合理的绩效评价体系,该体系应该由多个维度和指标组成,以全面评估员工在业务能力、工作质量、客户满意度等方面的表现。例如,采用基于指标的评价方法,可以对员工的销售业绩、风险控制能力、工作效率等进行量化评估,为绩效评价提供客观依据。

绩效评价体系应该注重员工的个体差异和特点。不同岗位的员工有不同的职责和能力要求,应该根据岗位的特点和需要来制定相应的评价标准。个体差异也应该在绩效评价中得到充分考虑,以避免评价过度一致化的问题。

金融企业应该采取多种激励措施来激发员工的工作动力。除了薪酬激励,还可以通过晋升机会、培训发展、福利待遇等方式来激励员工。激励措施应该具备差异化、个性化的特点,以满足员工的不同需求和动机驱动。

在绩效评价与激励过程中,金融企业需要关注公平与公正的原则。评价标准和激励措施应该公开透明,避免出现主观偏见和不公平现象。此外,领导者应该注重有效的沟通与反馈,及时向员工传达绩效评价结果,并与员工进行有效的讨论和改进。

参考文献

[1]杨启浩,张菊,李彩静.现代企业财务管理与管理会计的融合发展[M].长春:吉林科学技术出版社,2021.

[2]赵克辉,赵东升,毛红光.中小企业会计基础与实务[M].北京:北京理工大学出版社,2021.

[3]景静.财务会计与企业管理研究[M].北京:北京工业大学出版社,2021.

[4]胡良才.企业会计管理系统理论与操作研究[M].北京:中国财政经济出版社,2023.

[5]高俊云.现代企业会计管理的模式研究[M].哈尔滨:哈尔滨出版社,2023.

[6]夏迎峰,陈雅宾,田冉黎.企业财务会计[M].北京:北京理工大学出版社,2021.

[7]黄爱华.企业会计实务[M].北京:中国财政经济出版社,2023.

[8]赵建素.企业财务会计[M].上海:上海交通大学出版社,2023.

[9]尹燕婷,范玲.企业会计监管与财务管理[M].延吉:延边大学出版社,2022.

[10]张丽波.大数据背景下企业会计信息质量提升研究[M].北京:经济科学出版社,2022.

[11]姚和平,马苗苗,徐亚文.企业数字化财务管理[M].北京:人民邮电出版社,2024.

[12]刘晓华.企业会计综合实训[M].北京:中国劳动社会保障出版社,2022.

[13]代冰莹,雷舒靓,樊姣姣.财务会计在企业中的应用研究[M].北京:中国商务出版社,2023.

[14]王继中.会计报表与现代企业财务分析[M].广州:广州中山大学出版社,2022.

[15]纪红,刘雅漫.旅游企业会计[M].大连:大连理工大学出版社,2023.